米本浩二

実録・苦海浄土

河出書房新社

目次

実録・苦海浄土

はじめに

「もう少し、声を小さく」。詩人、小説家、思想家の石牟《いしむ》礼《れ》道子《みちこ》（一九二七〜二〇一八）が歴史家の渡辺京二《わたなべきょうじ》（一九三〇〜二〇二二）に、子供を諭すように言う。熊本市東区の介護施設。市電の健軍町《けんぐんまち》駅から徒歩で約一五分。二階の石牟礼の部屋はドアがあいたままだ。渡辺が来ていると分かる。渡辺の声が尖る。イライラが嵩《こう》じて声が大きくなる。施設の職員や他の入所者への迷惑にならないか石牟礼は心配しているのだ。

「聞こえるくらいでいいのです。そうしたら石牟礼さんの仕事のサポートをしに私が来ているのだと分かる。ドアを閉じて、静かにしていたら、ああいやらしい、何をしているのだろう、あのふたりは、と言われますよ」と渡辺は平然としている。

石牟礼道子の評伝を書こうと志した私は、二〇一四年以降、八〇歳代の石牟礼道子と渡辺京二の身近にいた。いつもモメている。険悪な感じでにらみあっている。石牟礼が書く仕事をしているからだろう。石牟礼が仕事をすると長年の同伴者の渡辺はかかわらざるを得ない。渡辺としては、何回清書しても、真っ赤に直されるのはいやなのだ。なんとか石牟礼に納得してもらって原稿を仕上げたい。一方の石牟礼は、人に言われて、その通りにやる人ではない。石牟礼が仕事をすればするほど部屋に緊張感が漂う、ということになる。

　歴史家としての自分の仕事を山ほど抱える渡辺が怒りを押し殺し「もういいかげんにやめにゃあ。手を打ってくれ。ＯＫと言ってくれ」と哀願するように言って、やっと完成稿。赤だらけの原稿を渡辺が家に持ち帰り、自分の仕事の合間に清書する。翌日書き直したものを持参する。それに石牟礼が手を入れるという笑えないシーンもあったのである。

　毎日顔を合わせるのだから、喧嘩する材料にはこと欠かない。パーキンソン病をわずらっている石牟礼は口では渡辺にかなわない。言い負かされて石牟礼が泣く。「もう二度とここには来ないぞ」と荒々しくドアを閉めて渡辺が部屋を飛び出す。渡辺が家に帰る頃をみはからって石牟礼は電話する。仲直りの手順は決まっている。「さっきはすみませんでした」「いや私こそわるかった。また明日、行きますからね」と一件落着。ふたりの喧嘩はコミュニケーションなのだと私も分かってきた。

　諍いばかりではない。穏やかなときもある。早春の午後、ふたりとも好きな椿の赤と白の花が机上にある。渡辺が買ってきたらしい。「よく生き延びたな、お互い。あなたは癇《かん》が強いからなぁ、生きるのが大変だったでしょう。もう、戦いすんで日が暮れて、なんだから、ゆっくりしとけばいいですよ」と渡辺。「あらあ」と石牟礼が返事の代わりにお茶を飲む。「せかせかしているのはあなたではないですか」とでも言いたげである。

　急須にお茶がない。お茶をいれるのは居合わせた私の仕事である。新しい茶の葉に入れ換える。倹約家の石牟礼はお茶の葉をなかなか換えない。換えようとしても、「まだよかです」と言う。出がらし状態でお茶の色がほとんど出ない。渡辺も来ているので、換えていいタイミングである。

一口飲むなり、「おっ、あなたはお茶をいれるのがうまいな」と珍しくほめてもらう。石牟礼もコクリと飲み、「ホントに」。茶の葉が新しいし、お湯が沸騰から二〇分くらいたっていて加減がちょうどよかった。何日か後、また渡辺にお茶を出す機会があった。そのときの渡辺は一口すっただけで、湯のみをドンと机の上に置いた。こんなまずいもの出すな、と言わんばかりである。茶葉は出がらし、お湯も沸騰した直後だった。

「さて」と渡辺が原稿用紙を広げる。石牟礼の目の前なので、彼女もお裁縫を中断して、原稿に向かわざるを得ない。幼女の頃の石牟礼が海でおぼれた話である。「まだまだボクの知らない話がいっぱいある。小説は無理でも、エッセイならまだ書けるからね」と力強く言う。「ホウ」と石牟礼が他人事のように渡辺の顔を見る。

二〇一八年、石牟礼が亡くなった。「石牟礼道子」という行き場を失くした私は、熊本市東区の渡辺京二宅へ通うことになった。「これからはボクのところへいらっしゃい」と渡辺から言われていたし、実際、石牟礼と渡辺の関係を探究したい私にとって、「渡辺京二」以外に行き場はない。

石牟礼存命中は石牟礼のことを渡辺に聞くことが多かったが、石牟礼死去後は、渡辺のことを渡辺に聞くようになった。「石牟礼道子のことを知るためには渡辺京二を知らねばならない。

渡辺を知るためには石牟礼を知らねばならない」。講演などで私はそう語ってきた。その思いが薄らいだわけではないのだが、「渡辺を知るために渡辺に聞かねばならぬ」と思い始めていた。

私は『評伝　石牟礼道子　渚に立つひと』（二〇一七年）、『魂の邂逅　石牟礼道子と渡辺京二』（二〇二〇年）、『水俣病闘争史』（二〇二二年）などふたりの軌跡をたどる仕事を重ねてきた。文学・思想的盟友と言われるふたりだが、その出発点たる『熊本風土記』のことが十分に書けていない憾《うら》みがあった。『熊本風土記』を「石牟礼道子『苦海浄土　わが水俣病』の初稿「海と空のあいだに」掲載誌」と書いて、それ以上踏み込もうとしなかった。「海と空のあいだに」の掲載部分を確認するだけにとどまっていたのである。

『熊本風土記』は、一九六五年と六六年に熊本市で発行された小雑誌だ。全一二冊。一冊の厚さは五ミリに満たない。第五号まで谷川雁、高浜幸敏、渡辺京二ら新文化集団の経営、編集、発行ということになっているが、それは名義上のことであり、実際には全一二冊、渡辺京二個人の経営、編集、発行である。

『熊本風土記』が発行された一九六五年と六六年は水俣病の歴史において大きな転換の時期だ。六五年は第二水俣病である新潟水俣病の公式確認の年。忘れ去られようとしていた熊本の水俣病にふたたび世の関心が集まる。加害企業や行政の患者圧殺の方針が顕在化し、六八年秋の政府の公害認定に向けて六五、六六年と緊張の度が増す。

六四年に高群逸枝の著作と出会った石牟礼は五〇年代の水俣での「サークル」の切磋琢磨か

ら民衆史にも関心があった。「水俣病」「民衆史」「逸枝伝」の三つのテーマに彼女が本格的に取り組み始めたのが六五、六六年である。六五年春に帰郷した渡辺は『熊本風土記』に活路を見出そうと、編集者として道子に寄り添う。

水俣病闘争の駆動力となったのは石牟礼と渡辺のタッグだ。ふたりは『熊本風土記』の作家と編集者として手紙のやりとりなどを重ねる。言葉が言葉を呼び、お互いの魂の親近性があらわになる。水俣病闘争への道を開いたのが『熊本風土記』なのである。

吹けば飛ぶような小雑誌を支えたのは、行動力と創造力がもっとも高まったときに、流れ星の奇跡的な交差のように出会ってしまった石牟礼と渡辺の熱意である。ふたりの画期的クロスは水俣病問題の危機的ピークと重なる。互いに響き合い、私的に醸成されたマグマが水俣病という公的な領域にはみだしてゆく。

「『熊本風土記』のことを書かせてください」と私は二〇二二年に渡辺に手紙を書いた。石牟礼が亡くなって四年がたつ。渡辺に重要なことを伝える場合、手紙なのだ。「『熊本風土記』をお書き下さるとは痛み入ります。いつでもお越しになって下さい」とすぐ返事が来た。こうして『熊本風土記』への旅が始まった。それは石牟礼道子『苦海浄土』の源流を探る旅でもある。

第一章　水俣の浜

渡辺京二の日記によると、石牟礼道子と渡辺が初めて会ったのは一九六二年一一月二八日夜である。熊本市の新文化集団の総会で顔を合わせたのだ。

新文化集団とは六一年一二月に詩人、思想家の谷川雁（一九二三〜九五）のアジテーションにより発足した思想運動体。渡辺らの同人誌『炎の眼』、高浜幸敏らの熊本県庁文学サークルの雑誌『蒼林』のメンバーら約二〇人から成る。新文化集団と命名したのは雁である。

「石牟礼さんとははじめて会ったが、かなりいい発言を聞けた。期待できる人と思われる」と渡辺は日記に書いた。格別の印象はなかった。半世紀に及ぶ文学・思想的盟友関係を築くことになるふたりだが、初対面の段階ではどうということもなかったのである。

新文化集団発足の前後、渡辺は東京の法政大での学業（二六歳で入学、三一歳で卒業）や就職活動のため東京—熊本を頻繁に往復するなど多忙だった。石牟礼を気にする余裕はなかったのである。

渡辺は日記に「（中心メンバーの高浜氏は）800部の提案をしたのだが、500〜600ということで収まった」とも記した。三年後に創刊される『熊本風土記』の発行部数のことである。具体的な数字を掲げることは生きる目標になる。

渡辺は谷川雁とも懇意である。新文化集団発足のきっかけとなった「サークル交流会」で「文化運動とは何か」の題で報告もしている。石牟礼も雁は「詩の師匠」として小学生時代からのなじみであり、九州サークル研究会「サークル村」（五八～六一年）にも一緒に参加した。

熊本県南部の水俣市在住で当時はアマチュア作家の石牟礼にとっても、熊本市は心理的にも距離的にも遠かった。石牟礼と渡辺が顔を合わせた六二年一一月は、新文化集団が発足してから約一年後だった。

サークル交流誌『サークル村』に『苦海浄土　わが水俣病』の初稿「奇病」や自伝的エッセイ「愛情論」を発表するなど、森崎和江、中村きい子と並ぶ「サークル村の三人の才女」のひとりとして知られていた石牟礼も、熊本の同人誌の古株が顔をそろえる新文化集団では外様の新参者扱いである。

新文化集団が責任編集をした『思想の科学』六二年一二月号。石牟礼は、西南戦争を経験した古老からの聞き書きの連作『西南役伝説』の第一作「深川」を発表した。聞き書き的語り口において、のちの『苦海浄土　わが水俣病』（六九年）と濃厚な類縁性が感じられる「深川」だが、新文化集団内での評価はかんばしくなかった。

「新文化集団会報」（№8、六三年二月一〇日）の合評会報告によると、「谷川雁が自己の振幅以上に、対象の振幅が出ないと言っていた」（高浜）、「庶民のよい面ばかり見すぎるのではないか」（畠田真一）などさんざんである。道子の一五歳下の女性に至っては「積極面を引き出す芽をさぐらねば現実的意義がないのではないか」と酷評している。

ほとんどの人と初対面の状況の中、他の人の感想を黙って聞いていた石牟礼だが、さすがに反論せねばと思ったのだろう。「日本の民衆は体制から疎外されている。その生活はすべて思想を生み出す源と思うが、それがどこで出てくるのかわからない」と口にした。せめてもの反論という感じである。以後、石牟礼の新文化集団への論評は辛口気味となる。作品が理解されなかった憤懣《ふんまん》は当然あっただろう。

同会報には、神風連《しんぷうれん》（敬神党）の乱への道子のコメントも載っている。明治政府に対して一八七六年に熊本で起こった士族反乱。「疎外されることにより、体制とさしちがえ、その返り血を浴びることに法悦を感じているのではないか。そこを転回させると、天草の乱などとも通じるものがあるのではないか」とポイントを押さえた見方を示している。


新文化集団に至るまでの石牟礼道子の魂の遍歴というべきものを明らかにしないといけない。それは水俣の浜で始まる。祖父吉田松太郎の事業失敗で、一家は水俣川河口の荒神（とんとん村）に移る。道子八歳。夜光虫が集まる浜を漂浪《され》く。

一三歳、水俣実務学校に入る。この頃から短歌を作り始める。孤独や憂愁の歌が大半であるが、とりわけ死をモチーフにした歌が目立つ。

一四歳になって苦しい初恋を経験した。水俣実務学校の庭ですれ違った少年が忘れられない。波と対話するかのように胸の奥の思いを口にする。道子が「心の日記」と呼ぶ「不知火」でせつない思いを吐露する。

男の子は黒い眸を持っていました。その眸の上に迫った眉は、青白い顔の色と共に気むずかしい様子ながら、それが何か愁《うれ》わし気な風情を加えて、人の気を引かずにはおれない様に思えました。走り去った少年の手に杉の芽立ちのうす緑の枝と、楠の紅芽の小枝が手折られていたのをユキは、はっきりと覚えたのです。

（「不知火」）

ユキという名は、一〇代から二〇代にかけての石牟礼道子の小説風断片の主人公の名として用いられる。『苦海浄土　わが水俣病』に「ゆき女きき書」という章があることに注目したい。水俣病患者の名前を「ゆき」にすることで、作者道子の独白であると主張しているとも読める。

少年の家は湯の鶴にあった。八代海に面した湯の児温泉が「海の温泉」、水俣川源流に近い湯の鶴は「山の温泉」、南九州を代表する二大温泉である。山の温泉を徒歩で目指す。「谿ぞいの切り岸道を　ほろほろと　涙ながしてゆきにけるかも」

「あの火のところへ　不知火のところへゆきたい」と念じる。希求の果ての、決してたどりつくことはできないが、必ずあると確信する「もうひとつのこの世」へ。水俣病闘争の象徴的フレーズとして「もうひとつのこの世」を生み出した道子だが、一〇代の段階では、「もうひとつのこの世」をはっきりと意識化していたわけではなかっただろう。つきまとってくる「死」をも包含する、現世を超えた世界への切ないまでのあこがれだけがある。「われはもよ　不知

火おとめ　この海に　命火たきて　消えつまた燃えつ」

「不知火」を書いたのは一〇代の終わりである。小学校の代用教員をしていた。一三歳頃から詠み始めた短歌で気持ちをあらわす。「この秋にいよよ死ぬべしと思うとき十九の命いとしくてならぬ」。学校の理科室に亜ヒ酸があった。

私の短い一生が終ろうとするのだ。乙女のままで、持っている一番美しいもののみを抱いて逝こうと思っている私。なんだか、私が惜しいような気もするけれど、でも、惜しい私を捨てようとする私に満足してもよかろうとも思えた。

（石牟礼道子『道子の草文』所収「無題」）

死を望んだが、果たせなかった。家族も職場の同僚も、死に赴こうとする道子の気持ちが分からない。「おどおどと物いわぬ人達が目を離さぬ自殺未遂のわたしを囲んで」

水俣では「働き神」「書物神」など人の特性に「神」をつける。苦しむ人に接すると見捨てておけず悶える道子は「悶え神」だった。四六年、一九歳の代用教員時代、列車の中で戦災孤児と出会い、五月まで自宅で保護し、関西行きの復員列車に乗せた。そのことが教育会（教育委員会）の目に留まった。表彰状の全文だ。

表彰状

吉田道子殿
右者平素師道ノ錬磨ニ精進シ　教壇修行ニ専念シソノ業蹟他ノ範タリ　タマタマ列車中ニテ死一歩前ノ戦災少女ヲ発見シ之ヲ自宅ニ収容シ　万般ノ処置ニ細心努メ遂ニソノ一命ヲ救ヒ健康ヲ恢復セシム　世情トカク物ニノミ趨リカカル隣人愛乏シキ時黙々トシテコノ挙アルハマコトニ敬服ニ耐エズ　ココニ表彰状ヲ贈リ深甚ノ敬意ヲ表ス
昭和二一年九月二一日
葦北郡教育会長　鬼塚左文

死が頭から離れない道子なのに「死一歩前」の人を助けようとする。退職した道子は二〇歳で結婚し、その三カ月後、鹿児島・霧島へ行く。実務学校の制服を着てお下げに結った。きれいな自分のまま死のうと思った。亜ヒ酸の小瓶を手にして。

〝自由で孤高な境地〟それは利那に、とらえた瞬間に永遠に消え果ててしまう肉体のいけにえを条件とする。然かもこの世にたったひとつしかないもの。それでいてそれが欲しくてならないのだ。
（『道子の草文』所収「霧島に行ったときの日記（十九歳）」）

死の沼から這い上がった道子は言葉を探す。「ひとりごと数なき紙にいいあまりまたとじるらん白き手帖を」。五二年、二五歳のとき熊本市の短歌結社「南風」入会。「幻想的で、神秘で、痛み易い心が魅力的」と受け入れられた。歌友志賀狂太が五四年に服毒自殺。道子と同様、死にたがる人だった。「一緒に死んでくれ」と言われたが、幼い息子がいた。

志賀狂太につづき水俣の女性歌人も自殺している。狂太も女性歌人も道子が死に誘ったわけではないのだが、道子という存在がふたりを死に導いた、と感じた人もいたようだ。『南風』メンバーの桃原邑子は書簡体の「石牟礼道子論」で、道子の「魔性」に言及。「あなたにつながる人が相ついで自殺したという事にもあなたの――悪くいえば魔性、よくいえば魅力というものによるのではないかと思われます」と述べている。道子の歌の「異常な妖麗さ」に着目、その妖麗さは、「危げな袋小路に自分を追込んで、あなたの言葉を借りていえば自分をきしませている余りにも自虐的なもの」を代償にしていると喝破する。「南風」内で道子はよほど異彩を放っていたのだろう。その異彩の内実に迫る桃原の論は正鵠《せいこく》を射ていると思われる。

「南風」時代、道子は、「生きる」ことへの違和感、偽善的な世過ぎへの嫌悪……などをノートに書きつけている。厭世観からのがれるのは死しかないと言わんばかりである。

死ぬなぞと思うのは、もともと他愛のない事かも知れぬ。もののはずみで、ひょっとそうなるに違いないのだ。そして人生とは、それ位のものなのだ。

たとえば、本一冊抱えるにしろ、自画像一枚描くにしろ、たったひとたび、「見られる」「言葉をかけられる」「好かれる」為でしかない。生きるとはそんなものなのだ。

ひとすくいに己れの中の倫理をくつがえし、いち早く安心立命できる手合いなど、こちらから、おつきあいごめんこうむります。

書き遺す程のことはなにもない。生き過ぎ、悔が過ぎた。心とうらはらなことばや振舞をして来た事がさびしい。みにくくつまずいて来て、ようやく多くの人と無縁になれるのは晴々しいけれど、最小限に私につながる子に対しても私は後退《あとずさ》りし止まぬであろう。母と子は一体ではあり得ない。早くひとりになるがよい。人の生涯は別離の連続だから、生まれ落ちた時からひとりになったのだから。

五〇年代前半、六畳一間の石牟礼家を集会場にサークル「トントンの会」ができた。道子の家には新日本窒素肥料株式会社（のちのチッソ）の組合員や市役所職員、若い主婦らが出入りした。夫の弘は組合活動に熱心な中学校教員である。他人が家に出入りするのには渋い顔ながら、サークルの意義は認めていた。

二六歳の石牟礼の家は、水俣川の河口近く、崖を背に、トタン葺きのバラックである。谷川健一の末弟の日本読書新聞に勤める公彦が五三年三月、道子を訪ねてきた。「サークル」は当時の論壇の先鋭的テーマのひとつ。公彦は水俣に帰郷した際、サークル運動の担い手の道子に会いに行った。公彦の報告を上司の巌浩が『懐かしき人々——私の戦後』に記録している。

同書によると、道子は板張りにゴザを敷いて一二歳下の妹の妙子とおそい夕食をとっていた。公彦は「明日発ちますが、何か東京に注文はありませんか」と尋ねた。しばらく考えて道子は言った。

地方は体にたとえると下腹部だと思うんです。そこには無数の血管が脈打っていて、何かを生もうとしている。……けれども今のところ、文化の流れはやっぱり東京からの一方交通でしょう。私たちは大都会の機能の中に、こうした自分たちに対応するものを見出したいのです。

（『懐かしき人々――私の戦後』）

地方から中央へ。道子の作品に方言が頻出するのは、下腹部で醸成された方言によって、大都会主導の貧血気味の文化に新たな血を注ぎ込もうということなのだ。「トントンの会」の頃を振り返る道子の言葉を、西日本新聞文化部の山本巌記者が書き留めている。

なぜあんなことしてたのかしら。よくわからないのですけど、とにかくうちに集まって、夜遅くまで話し込んだりして……。だれかが「じいさんやら親父やらの来歴を集めれば物語りのできるばいなあ」などと言って「村の歴史」を作ろうなどと話し合ったりしていました。

（山本巌ブックレット『辺境から』所収「石牟礼道子の世界」）

民衆史を書きたい、という道子の思いは、二〇代半ばには意識化されていた。ひとりで思いついたというのではなく、地域の仲間と話すうちに、歴史をたどる「声」の大切さに気づいたのだ。しかし、「声」の収集に専念できるほど、水俣の現実は甘くない。

夜中に、若いお嫁さんが泣きながら戸をたたいて来て、家出をするにはどげんしたらよかろうかと言って来たり、農家の二男坊なんかが炭鉱に行く相談に来たり……。結局は「よろず身の上打ち明け所」だったんです。（同）

職業や性などを超えた精神の共同体を求めるサークル運動は全国で活発になる。五八年、谷川雁、森崎和江、上野英信らが福岡県中間市に「サークル村」を結成。道子の家は「サークル村」の南の拠点という位置づけである。

「段々降りてゆく」よりほかないのだ。飛躍は主観的には生れない。下部へ、下部へ、根へ、根へ、花咲かぬ処へ、暗黒のみちる所へ、そこに万有の母がある。存在の原点がある。初発のエネルギイがある。メフィストにとってさえそれは「異端の民」だ。そこは「別の地獄」だ。一気にはゆけぬ。（『母音』五四年五月、谷川雁「原点が存在する」）

「原点が存在する」に影響を受けたと、石牟礼道子は渡辺京二に明かしている。女性が圧殺される世界への異議申し立てが男性の側からなされた、と石牟礼は受けとめた（「渡辺京二宛て石牟礼道子書簡」六五年九月二二日）。自殺未遂を繰り返した石牟礼にとって、マイナスがプラスに転じる起死回生の言葉とも読めた。「あ、それは雁さんわたしです」と思わず声が出た。

短歌に見切りをつけたが、代わりの表現が見つからない。「韻律とは何でしょう。表現とは何でしょう。民族最大最高の要求、それが表現というべきものなら、それに近づくために何をすればよいのか。くやしいのです。自分の現在地点が」（『サークル村』五九年九月号）と石牟礼はもがく。ノートに懊悩《おうのう》を呪詛のごとく書き連ねていた石牟礼にとって、その方向の先は死しか思い浮かばない。雁が言うように「段々降りてゆく」にはどうすればよいのか。

徹底してマイナスを見極めれば、「万有の母、存在の原点」が見えてくるのではないか。雁の影響濃厚な散文のひとつが、『サークル村』五八年一〇月号に発表した「根の尖」（『潮の日録』収録時に「南九州の土壌」と改題）である。みずからが拠って立つ土地への視線が苛烈と言えるほど遠慮がないので読む者はたじろぐ。「下部へ、下部へ、根へ、根へ」が石牟礼の念頭にあるのだとすれば、書き方の仮借なさも納得できる。

（かつぎ屋の）籠の中味はちかごろ奇病で世評に高いM湾附近の海産物である。／日本のさびしい吹き溜り、零細農民の功利性、流民の皮肉、私生児の英雄主義、これらのものを埋めて、火山灰土におおわれた私のふるさと南九州の断面図がある。／娘たちは異国者にあこがれる。典型的都会のまやかしをもって、映画がラジオが、文化と名のつくものが、彼女らを血の池のふるさとから上昇させる蜘蛛の糸だ。／そこで天井よりは低いところに蜘蛛の糸にかわるサークルが誕生する。／私は苦しんでサークルに出かけて見る。魚が水面に泡を吐きに行くように。そこには同じ泡を吐きに来たらしい人達がいた。（「根の尖」）

『サークル村』五九年七月号から連載が始まった森崎和江「スラを引く女たち」の「聞き書き」に、道子はふつふつとたぎる内部の溶岩のようなものがすうっと解消する感覚を味わった。ひとりで内側にためこまなくとも、このように他者に仮託して書けばよいのではないか。対象の「私」と作者の「私」とが交代を重ねるように響き合っているではないか。

「スラを引く女たち」に先立つ『サークル村』五八年一〇月号の上野英信「裂《れつ》」にも同じ感覚を覚えた。上野も炭鉱の出水事故の被害者という「他者」を書いているのだ。『サークル村』体験は、わたしとって日本近代の成立とその基盤の、人間の生身の構造を、一挙に読み解くあぶり絵だった。最初の一枚目が上野さんの「裂」だった」（石牟礼道子「いのちのつやを」）

他者と入れ替わるという感覚は道子にとってなじみのないものではない。狂気で盲目の祖母の守りは幼い道子の仕事だった。夜ふけ、雪の中に祖母は立つ。ミッチンかい、と祖母は言う。男もおなごもべーつべつ、と言って、ぺっと痰を吐く。手はつないだまま。「私の中に祖母はおごそかにうつってくるのでした。じぶんの体があんまり小さくて、ばばしゃまぜんぶの気持ちが、冷たい雪の外がわにはみ出すのが申しわけない気がしました」（『サークル村』五九年一二月号・六〇年三月号、石牟礼道子「愛情論」）

水俣病患者に憑依《ひょうい》するかのごとく患者の独白体で仕上げたのが「水俣病患者のルポルタージュ　奇病」（『サークル村』六〇年一月号）である。患者の孤独と自らの孤独が共振する手応えを得た。「花咲かぬ処へ、暗黒のみちる所へ」赴いたその第一歩である。「水俣病患者のルポルタージュ　奇病」は改稿をへて、『苦海浄土　わが水俣病』「ゆき女きき書」となる。患者と作者の共振。「ゆき」はやはり「道子」であったのだ。

「民衆史を書きたい」。それは「トントンの会」以来の念願である。「サークル村」をへて、「日本近代の成立とその基盤の、人間の生身の構造」を見届けたいとの思いはがぜん強くなった。道子は六三年一二月、水俣の知人の、赤崎覚、秀島由己男、松本勉らと『現代の記録』を刊行。表紙は書家、渕上清園の毛筆による。発行所は「記録文学研究会／水俣市浜三九〇一（日当）／石牟礼道子方」。道子は「創刊宣言」に次のように書いている。

今わたし達の手の中には、様々な、ここ二、三年間の「経済高度成長」政策の、ネガがある。わたし達の列島がその為に黒々とふちどられている米原水爆基地。その地図の中に壊疽《えそ》のような速度で拡がりつつある象徴的な筑豊ゴーストタウン。そしてわたし達自身の中枢神経に他ならぬ水俣病等々。意識の故郷であれ、実在の故郷であれ、今日この国の棄民政策の刻印をうけて、潜在スクラップ化している部分を持たない都市、農漁村があるであろうか。このようなネガを風土の水に漬けながら、心情の出郷を遂げざるを得なかった者達にとって、もはや、故郷とは、あの、出奔した切ない未来である。

『現代の記録』に道子は「深川」に続く『西南役伝説』シリーズ二作目「曳き舟」を発表した。「石牟礼」と署名がある編集後記を引こう。

最終原稿をめくっている時、三池のニュースが入った。労働者達の中には、スクラムを組んで座ったまま、こと切れていた姿があったという。何たることか。彼らの声を遮断した闇をかきわけて、わたし達が今、彼らと交しうる対話とは何か。全ての運動の内部にむけて問いかけている彼らの言葉をききわけられるか。見えざる三池がなんと数知れず埋没しつづけて来たことか。ローカルテレビ局のニュースは、遺影をかかげ激昂して走り寄る遺族達の集団に、一言の挨拶もせず、選挙遊説先にむけて逃れ去る首相の後姿を、刻明に写し出したが、三十分後のNHKニュースではみごとにカットされもっともらしい哀悼声明が発表された。わたし達の間に深化し、潜行しているアウシュビッツがある。豚小屋の匂いのこもる編集小屋にへばりつきながら、状況を刻みつけ得ない無念さをこめて、九月に出す筈だった創刊号を出す。

「三池のニュース」とは六三年一一月九日、福岡県大牟田市の三井三池炭鉱三川坑で発生した爆発事故である。死者四五八人、一酸化炭素中毒患者八三九人。戦後最悪の炭鉱・労災事故だ。石牟礼の民衆史は「日本近代「創世記」の「地獄篇」でなければならず」（渡辺京二『もうひとつのこの世』)、高度経済成長の矛盾や過誤を彼女は凝視する。

『苦海浄土　わが水俣病』で石牟礼は「続刊したかったが雑誌づくりというものは、えらく金のかかることを知り、一冊きりで大借金をかかえる」と『現代の記録』に言及している。三号雑誌ならぬ一号雑誌となってしまったが、「曳き舟」を載せることができ、石牟礼も所属する水俣記録文学研究会による古老の座談会を収めるなど成果はあったのである。

古老五人の語りを重層的に構成した「深川」も、前近代の語りものの伝統を保つ「曳き舟」も、「日本近代「創世記」の「地獄篇」」にほかならず、前近代の視点で近代を問う『苦海浄土わが水俣病』と同じ地平から書かれている。雑誌はつぶれてしまったが、石牟礼の目指す方向ははっきりしていた。六四年には高群逸枝の著作と出会う。石牟礼にとって、雁の「下部へ、下部へ、根へ、根へ」を受け継ぐのが逸枝だったのである。逸枝伝を書くと誓う。

石牟礼道子は、短歌から散文へと、みずからの孤独と格闘をつづけ、「水俣病」「民衆史」「逸枝伝」の書き手として渡辺京二の前にあらわれた。ならば、渡辺の方は、どのような経緯をへて『熊本風土記』に至ったのか。

第二章　不如意の渦

渡辺京二、一八歳の初小説「病院船」は大連からの引き揚げ体験を描いたものだ。第二次大戦後の国際情勢の変化で、拠って立つ場所のない根なし草となった渡辺はみずからを「流浪の民」とみなす。自分だけではない、人間という存在は本質的に〝流浪〟せざるを得ないのではないか。「流浪の民」は渡辺の思想のキーワードのひとつとなる。

渡辺は一九三〇年九月一日、京都府深草町（現・京都市伏見区深草）で生まれた。日活の活動弁士をしていた父次郎は大陸に渡り、北京の映画館の支配人となった。妻子も北京に移住。四〇年、一家は大連に移る。

四五年八月、終戦。大連はソ連の軍政下に。一家は大連駅前でソ連の将校に母の着物を売るなどして生活を維持する。四六年春、京二は級友と回覧雑誌『詩と真実』発行（四号まで）。北原白秋や若山牧水の影響を受けた短歌を載せた。秋、引き揚げのための日本側の事務機関「大連日本人引揚対策協議会」で働き始める。両親を早く帰国させる見返りに長姉昭子《てるこ》と京二は大陸にのこる。

四七年四月、引き揚げ船で昭子と帰国。「流浪の民」を実感する。母方の菩提寺の六畳に両親、姉らと寄寓。旧制熊本中学に通う。四年生で一番の成績。四八年、日本共産党入党。新日本文学会に入会。書く意欲は旺盛で、新日本文学友の会機関誌『地層』創刊号に「私の見た啄木」を発表。『文学の友』（『地層』を改題）一、二号を発行。二号（一一月）に初小説「病院船」を発表した。

「病院船」は「大連日本人引揚対策協議会」での体験を描く。「短篇」と銘打たれているが、「掌編」と呼ぶべきものだ。引き揚げ船の受付をする「僕」は赤子を背負って切実に帰国を望む女性に「駄目だといったら駄目なんだから」と言う。船に乗れる人の数は限られている。断らざるを得ないのだ。

そこへあらわれたのが中学で「僕」に散々暴力をふるった教師の内堀清である。敗戦で学内が民主化されるやいなや彼は新権力に迎合した。妻の病気を理由に病院船で帰国したいという。「僕は、いつの世になっても、うまく得をして生きてゆこうという彼に耐えがたい嫌悪の気持で一杯だった」

第五高等学校（現・熊本大）文科へ入学した渡辺は夏休みに喀血《かっけつ》、洗面器一杯分吐血。結核と分かる。二学期以降休学し、住まいにしていた菩提寺の本堂で療養。「一八歳で死ぬのか」と天井をみつめる。

結核発病以来、進学や就職など人生の重大事がすべて後手に回った感がある。ひとつ違いの姉洋子も結核で亡くなった。喀血死した父から子供たちへ感染した可能性が大きい。

渡辺が二〇代の頃には、結核は特効薬ストレプトマイシンの開発などで死病ではなくなりつつあったが、長期の安静が必要な厄介な病気であることには変わりがない。

「もし結核にならなかったら、違った人生を歩まれていたかもしれません。ご自身ではどうお考えですか」

私は二〇二二年一一月、九二歳の渡辺京二に尋ねた。なんでもすぐに答えてくれるのにこのときは珍しく黙り込み、目を閉じ、しばらく考えたのち、「五高の同級生はみんな東大へ行っています。(学年でトップクラスだった)私も東大へ行ったでしょう」と言う。

ただ、渡辺の志望校は東大ではなく東京外語大だった。ロシア語をやりたかった。マルクス主義への興味からである。しかし、東京外語大は中学四年修了では受けることができず、ロシア語学科のある五高を受けた。青年期の渡辺の望みは、名の通った出版社へ入り、文筆家を目指すことだった。平凡社から民俗学者になった谷川健一の例もある。

「二〇代前半に東京の大出版社へ入ったなら、水俣病など九州の辺境の出来事は意識の彼方になり、石牟礼道子と出会うこともなかったのではありませんか」と私は聞いてみた。

「水俣病は全国的に重要な出来事ですから、多くの知識人と同じように、私も関心を寄せたでしょう。石牟礼さんとは出会いが遅れたかもしれないが、出会わないことはなかったはずです」と、考え込むこともなく即答である。

出会うには出会っても患者救済運動に加わるにはタイミングを逸し、自分が中心でないと気の済まないタイプだからなおさらのこと、多くの知識人のような傍観者的関与にならざるを得なかったのではないか。そうなると「闘争」は実現されていたのか。石牟礼と渡辺がタッグを組んだからこそ生まれたお互いの充実した著作もなかったのではないか。私はそんな思いを払拭することができない。

四九年、渡辺は、熊本県西合志村（通称・御代志野）の国立結核療養所「再春荘」に入所。「結核患者日課表」によると、渡辺の安静度は五段階の「四」（午前午後にそれぞれ安静時間をとる）。「一」が最も重く「絶対安静」、「四」は比較的軽症である。午前七時起床、朝食、自由時間、静臥、昼食、自由時間、絶対安静、夕食をへて午後九時就寝――というルーティンである。

比較的軽症であるから、動く自由がある。抑え込んでいた情熱を解放するように、細胞（班）づくりなど、共産党の活動に熱中する。異性との出会いもあった。看護婦（当時）の前田正子と交際。その後、正子の親友の越牟田房子と付き合った。五〇年、療養所の仲間と回覧雑誌『樹氷』を作る。中野重治ふうのエッセイを書く。

五二年夏、肋骨を六本切除する胸郭形成手術を受ける。五三年五月二四日発行の再春荘の文芸サークルの雑誌『わだち』第二八号に小説「若い眼」を発表。全一四頁。ペンネーム「青木勉」。共産党の活動に奔走する若い活動家を描く。

あの夜木田は中原を「鋼鉄のようなボリシェヴィキ」という形容詞のぴったり来る人間という風に感じ、尊敬と同時にいくぶん近づきにくいような思いをいだいたのであった。しかし中原はよく見ればやさしい心づかいをもったきまじめで平凡な青年だった。逞しい、あるいは強じんな性格では決してなかった。

（「若い眼」）

至高至純のものだった党活動にからむ体験をつづる。二三歳、初々しい筆致である。作中人物は当局の監視を警戒して偽名を使っており、青木勉という筆名も同じ事情によるものだろう。「若い眼」を発表直後の五三年六月、熱田猛と知り合った。熱田は「小林多喜二の再来」といわれる『新日本文学』のホープである。熱田も結核だった。彼は『くすの木』というサークル誌を出しており、『わだち』を出している渡辺に関心があった。渡辺は同年一一月、四年半を過ごした再春荘を退所した。

五高の同級生は順調にステップアップしている。五高を途中でやめて、四年半を無為に過ごしたことは大きな挫折であったはずだが、著作やインタビューを調べても、泣き言や恨み節は一切ない。

五四年、サークル交流会で谷川雁に会う。新日本文学会熊本支部を再建し、『新熊本文学』復刊。五五年、文化サークルで知り合った熊本県庁職員の岩下敦子と交際が始まる。小説「ゆれる髪」を『新熊本文学』(五五年三月号)に発表。全一四頁。再春荘を舞台に一〇代の女性との出会いと別れを描く。「若い眼」と同様、登場人物は党関係者である。

ふさふさした髪が石田の顔近く寄って来た。写真のなかには彼女と同じ年ごろの鉢巻きをしめた少女もいた。しばらく彼らは写真に見入っていたが、どっちからともなく額をあげた。すると二人のあいだには、もうすっかり親しい気分が流れはじめていた。少女は学校の都合があるのでこれから土曜の午後一時に来るようにしたいといった。（「ゆれる髪」）

「若い眼」と同じく、作中人物は偽名を用いている。少女は警察の目を警戒しながら、党の新聞「平和と解放のために」を配っている。父を亡くした少女は学校をやめ、消息をたつ。思想的立場は堅持しながら、異性への淡い思いを作品に盛り込もうとする姿勢に作者の成長が感じられる。

五五年、日本共産党がそれまでの武装闘争路線を放棄、衝撃を受ける。谷川雁らと同じように渡辺も「革命」を信じていたのだ。五六年五月、共産党を離党。離れたが、党の一切合切から縁を切ったわけではない。党の関係団体である新日本文学会系の雑誌への関心は失わない。

一〇月八日、谷川雁と『新熊本文学』の行方について意見を交わす。「エリートの結集」を谷川は提案した。「僕とあなたとこうして会ったということは、熊本の文学運動にとって画期的な出来事だ、などということを私に云うのだ」と日記に書いた。

一方、岩下敦子との交際は順調である。この頃の恋人の多くがそうだったように、しきりに手紙のやりとりをしている。

ゆうべは君と別れて、君のような恋人をもてて何とすばらしいのだろうと考えながら本田さん宅までゆきました。あんな時の君の優しさは僕の望んでいた愛そのものです。ほんとうに僕は君によって力づけられています。

（「岩下敦子宛て渡辺京二書簡」五六年一月六日）

僕はいつも君と共にいます。僕らがこの一年生活してきた僕らの内面的結びつきはもう記憶から消すことはできません。君に僕はひとつのことを要求する権利をもっています。それは必ず僕のために生きていてくれることです。そして僕も君のために必ず生きてゆきましょう。（中略）君が可愛いくてたまりません。でも誤解しないで下さい。君への尊敬の念はいうまでもないのです。

（同、五六年三月二〇日）

「僕」と「君」を多用することで、世俗的な一切のことは消え、ピュアな恋愛のかたちが浮かびあがる。そこには渡辺の理想も込められているのだろう。「本田さん」は高校教師の本田啓吉。詩などを『新熊本文学』に発表、渡辺とウマが合った。水俣病闘争のときは、渡辺の要請で「水俣病を告発する会」代表になり、「義によって助太刀いたす」などの名言をのこした。

一一月、中野重治論脱稿。渡辺の初めての長篇文学評論。「この作品一つに自分をかけてみたい」と敦子に意気込みを示した力作である。小説家、詩人の中野重治（一九〇二～七九）は共産党員として『新日本文学』の創刊に携わった。代表作に小説『むらぎも』『梨の花』など。中野は渡辺が少年期以来もっとも熱心に読んだ文学者である。「夜明け前のさよなら」「雨の降る品川駅」など初期詩篇も渡辺は愛した。

婚約者の敦子の家族から「大学を出てほしい」と懇願され、五六年に熊本大法文学部を受験。同級生より七年遅れている。五高中退のため、八科目の大学受験資格試験を受けてのぞんだ。

筆記試験の順位は七番だったが、レントゲンの胸部写真で不合格となった。ここでも結核が足を引っ張る。

五七年四月、二六歳で法政大学通信教育部に入学。六月、『炎の眼』創刊。発行所は「炎の眼の会」（熊本市紺屋町の上村希美雄方）。メンバーは上村、渡辺京二、藤川治水ら一〇人。創刊号の編集後記に上村は「私たちのこの眼はまだ稚なく、私たちの立つのは日本の一辺境にすぎないが、私たちはこの眼の中に宿る「日本」を個々の方法において描き、追究して行きたいと願っている」と書く。

メンバーの主義も主張も方法論もばらばらである。「傾向も好みも違う十人がそれぞれ主張を戦わせることによって集団としての主張もよりはっきりして来ようというのが実状である。創刊号にもその状態の正直な反映が見られよう。号を重ねるにつれ、ささやかな野心の正体もわかってもらえようかと思う」と渡辺は書いた。

創刊号には藤川の評論、渡辺や上村の新刊批評、熱田猛の小説「残りの火」などが載っている。終刊号（と銘打ってはいない）の第一二集は六二年八月二一日発行。全一二冊を出した。渡辺は評論やエッセイを書く一方、小説『顔』を五八年五月の第四集から連載開始。第五集（五九年一月）、第六集（五九年一二月）、第七集（六〇年三月）、第八集（六〇年一二月）の合計五回載った。

雑誌づくりはみずからの拠って立つ基盤をつくることである。「収入の道を講ずる。東京での学資をつくる。本代、映画代、旅行費用などの必要。文筆で食えるようになれば理想的だ。

評論における決定的な仕事をする。『炎の眼』を成功させる」（「渡辺京二日記」五七年九月一七日）。新生活に向け意気軒高である。

一〇月二七日、熱田猛死去。享年二六。再春荘時代の五三年六月に知り合って以来、渡辺が高く才能を評価していた作家である。熱田の才能を惜しむ気持ちが強い渡辺は二〇〇三年、『朝霧の中から　熱田猛遺作集』三〇〇部の刊行に尽力した。

五八年六月、岩下敦子と結婚。新婚旅行は南阿蘇の戸下温泉に一泊である。

五九年一月、長女梨佐誕生。四月、法政大学社会学部へ転部。東京での一人暮らしが始まる。

「同級生より八歳年長で、廊下ですれ違う学生が教師と間違えて私にお辞儀した」（『万象の訪れ――わが思索』所収「六〇年前後を法政で過ごして」）

「授業の圧巻は何と言っても、宇野弘蔵さんの「経済学特殊講義」だった。宇野さんの講義を聴けただけで法政に行った甲斐があった気がする」（同）。「藤田省三氏の講義は法学部の講義で単位にはならなかったが、もぐって聴いた。陸奥宗光の『蹇蹇録《けんけんろく》』の分析で、さすがに聴くに値した」（同）

妻子を熊本に置き、単身で東京に住まねばならず、生活は切迫した。学費は前期分三万五〇〇〇円（貨幣価値は二〇二〇年頃の約一〇分の一。三万五〇〇〇円なら三五万円）。母と姉に融通を頼んだ。「呑気にしてはおれぬことを痛感した。一日も早くアルバイトを探すこと」（「渡辺京二日記」五九年四月六日）。上京し、学生証を受けとる。井の頭線沿線の世田谷区下馬に下宿。三畳の部屋。家賃一八〇〇円。

「今私は一文も稼いでいないが、来春ごろは月に一万円収入があるようにしたい。敦子のサラリーは一万二〇〇〇円程度。私のをたして二万二〇〇〇円、親子三人でぎりぎりやってゆけよう」(「渡辺京二日記」五九年一〇月三日)とみずからを励ますように記すが、母や姉に生活費を無心せざるを得なかった。

六〇年春、一時帰郷し、熊本の街を幼い梨佐とゆく。つないだ小さな手に幸せを感じる一方、焦りが重苦しく心にのしかかる。

今は私にとって根本的には最も苦しい時期であろう。昨夜など、何とか生活を打開せねばならぬ思いに、心狂うばかりだった。仮に伝記作者が私の生涯を叙べるとすれば、この時期は私の失意の時代ということになるのであろう。
(「渡辺京二日記」六〇年三月二九日)

「伝記作者」である私もたしかに「渡辺の失意の時代」と書かざるを得ない。努力では太刀打ちできない不如意の渦に巻きこまれている。五月、群像新人賞に落選。予選通過の八作に入った。『炎の眼』連載の「顔」脱稿。絵の中の顔と入れ替わるというカフカ風の長編である。「私の能力と素質とは正直に現れているだろう」(同五月一〇日)。『顔』は二〇一九年にアルテリ編集室によって書籍化された。「若き日考えたことを精一杯書いている」とは老年に至った渡辺の述懐である。

手紙は渡辺の生涯を通じて重要なコミュニケーション手段である。東京にひとりでいても、寸暇を惜しんでペンを手にし、熊本の妻敦子と頻繁に手紙のやりとりをしている。

梨佐の離乳がうまくいって、僕も大変うれしい。本当によかった。苦労したことよくわかります。梨佐も辛かったろうが、でもこれでもういい。二人とも僕のいい奥さんで、いい子供だ。僕は元気。この数日「顔」のためちょっと無理しました。でも一昨夜完成。足かけ三年の仕事にけりをつけ一息つきました。

（「渡辺敦子宛て渡辺京二書簡」六〇年五月一三日）

六月、結核再発。熊本大学病院段山分室に入院。早く卒業して就職せねばと焦る心に深刻な打撃を受けた。学業がまたしても遅滞する。「経済的に早く何とかせねばならぬという思い、いよいよ強い。妻と子供の生活を支えるに足るだけの収入をうることは、何よりも先決的な問題だ。いかにしてそれをうるか、終日苦慮。思い暗し」（「渡辺京二日記」六〇年七月五日）

一〇月に退院したが、心は晴れない。母と姉の家に同居し、幼い梨佐や甥の世話をして過ごす。当面、気にかかるのは大学の卒論である。六一年一月一日の日記には「今年さし当っての計画を書いておく。卒論「マルクスにおける社会的人間の構造」第一稿一月一〇日脱稿　第二稿一〇月脱稿　第二稿をタイプ印刷し配布」と執筆計画をつづる。記録しておくというより、自分を叱咤する意味があっただろう。

二月八日には、『炎の眼』同人の上村希美雄から「市役所の職員に応募してみないか」と勧められた。渡辺に公務員が向いているとは思えないが、そうは言っておられぬ渡辺の境遇なのだ。上村は熊本市立図書館勤務をへて熊本学園大教授を務めた。互いの自宅を盛んに行き来するなど『新熊本文学』以来の盟友である。著書に『宮崎兄弟伝　日本篇』(上、下巻)など。

四月二四日、上京。大学で科目登録の必要があった。学生証をもらう。五月四日に熊本に戻った。七月、母や姉と衝突し、彼女らの家を出る。母と姉の家に京二一家が間借りしており、双方に鬱憤がたまっていた。

一日家にいて家事労働をすることは精神をくさらせる。このまま駄目になってしまうような気さえする。就職していくらか金をかせぎ、社会的労働の空気も吸うと精神衛生のためにはいいと思うが、私の時間はなお足らなくなることになろう。

(「渡辺京二日記」六一年七月二八日)

八月一九日から二八日、水前寺競輪場でアルバイトをした。上村の紹介である。穴あけ機を使って車券にレース番号、連勝番号を打ち抜く。「ルンペンプロレタリアートのような人々の手垢のついた百円札、この中から私がわけ前をとるわけなのだから」(同、六一年八月二〇日)。日当一三五〇円(日当二〇〇円、電車代二五円、計二二五×六)。同じ頃、筆耕のアルバイトも始めた。鉄筆でガリ版の文字を刻む。「夜、筆耕一枚。おそろしく時間をくう。四時間はタップリかかった」(同、六一年八月一九日)

渡辺一家は県庁勤務の敦子の収入が頼りだ。「敦子の給料日だったが、計算したところ、来月の給料日まで五千円ばかり不足する。コロニーから仕事は来ないし、全く困ってしまう」（同、六一年九月二一日）。「コロニー」とは熊本コロニー協会のこと。結核回復者の社会復帰を支える社会福祉法人。ここから筆耕の仕事をもらっていた。

一〇月九日、熊本日日新聞の光岡明記者から「『炎の眼』第一〇集を読み、関心を持ったから会いたい」旨のハガキがきた。活字隆盛の時代、熊日は九州屈指のメディアであり、地味な営為を重ねていた渡辺には好機到来と言える。第一〇集には渡辺の「「市民講座」論」が二三頁二段組みで載っている。市民講座を切り口にサークル活動を考察。サークルに関心を寄せていた光岡の興味を引いたのだ。

熊本市出身の作家、光岡明（一九三二〜二〇〇四）は熊日在籍中から小説を書き始め、芥川賞候補四回。八二年に『機雷』で直木賞受賞。熊日文化面の充実に力を注ぎ、熊本近代文学館の館長も務めた。文化面は久野啓介記者が受け継いだ。久野は水俣病闘争にも参加し、石牟礼道子や渡辺京二の活動を支えた。

一一月五日、熊本市内で「サークル交流会」があった。『阿蘇』『蒼林』からそれぞれ数人が出た。『炎の眼』からは渡辺と上村が出た。合計一五人が参加。どの団体も行き詰まりを感じており、合従連衡《がっしょうれんこう》の可能性を模索している。光岡記者も来た。「討論は低調であったが、でも、ここから何か発火する可能性は感じられた。隔月の研究集会をもつことをきめたが、若しこれが実現したら大したことだ」（「渡辺京二日記」）

一一月一五日、「小さきものの死」を書き上げた。日記には「昨夜起稿した炎の眼一一集のためのコラム原稿書き終える。「小さきものの死」と題す。半ば仕方なしにでっちあげた文章なり」とある。療養所時代に見聞した死を主題とする。渡辺京二の原点となった記念碑的作品であるが、『炎の眼』発表時は「渡辺京二」という署名はなく末尾に「W」と署名があるだけの、埋め草的な、目立たない扱いだった。

谷川雁を「サークル交流会」に招く話が持ち上がり、合従連衡が現実味を帯びてきた。一一月二七日、高浜らと谷川雁のスケジュールについて打ち合わせ。「九日夜交流会、一〇日昼炎の眼主催のシンポジウムと決定。八日に雁の論文について研究会を持つことになる」(「渡辺京二日記」)。卒論執筆や筆耕のアルバイトもつづけている。

そして六一年一二月九日、「サークル交流会」が開かれた。『蒼林』『炎の眼』『阿蘇』の連合主催である。メーンは谷川雁の講演「物神と自立との闘い」。その前に谷川、渡辺ら三人が「反体制文化運動の変革点」の題で討論。渡辺は文化運動の一般的な欠陥につき述べた。閉会後の二次会には六〇人余りが参加。「まず予想外の成功といえる。谷川氏より『試行』へ何か書くようすすめられる」(「渡辺京二日記」)。『試行』とは吉本隆明の個人誌。六一年から九七年まで七四冊を出した。

翌一〇日は「新文化集団」の誕生日となった。谷川雁を囲む座談会があり、参加者は二八人。「谷川氏の抜群のオルグ的手腕により、文化活動家の集団が発足」(「渡辺京二日記」)。「胸襟をひらきあった人々の間から期せずして「新文化集団」という団体が生れた」(『炎の眼』第一一集、文化短信）。メンバーが所有する部屋を「ごろっとする家」という名で拠点とし、運営委員に高浜、本田ら七人を選んだ。

その夜、谷川雁と高浜幸敏とともに旧制五高時代の恩師の熊大教授、和田勇一を訪ねた。五高に一年の一学期だけ出席した渡辺は和田先生を覚えていたが、和田の方は覚えていないと思い込み、「初めまして」と挨拶すると「初めましてということがあるか。君は廊下側の前から三番目に座っていた」と言った（渡辺京二『父母の記』）。和田と別れたあと、谷川と高浜らと午前二時まで飲み、初めて谷川雁の歌を聞いた。

九日の谷川雁の講演「物神と自立との闘い」は一時間に及んだ。講演録が『炎の眼』第一一集に掲載されている。資本主義、プロレタリアによる革命、人工衛星、大正行動隊、と結論を避けるかのように話題が次々と展開して引用しにくい文章であるが、終盤の結論らしき言葉を抜き出してみよう。

今日反体制文化運動の変革点というものがかりにあるとするなら、それが必要条件であって充分条件であるのかどうかはわからないけれども、今まで云った全体のことを前提にした上での、日本の人民の中で今までまだ何も発言してないし何も行動してないという部分の中に、戦後運動の破産というもの、負債はそこに引継がれているというふうに考え、そこでどういうふうにすれば、要するに中間層でしかないわれわれがそこへ到達、アプローチすることができるのかどうかというそこのところにしかないだろう、そのことをヌキにしては変革点もクソもない、と思うわけです。

民衆の声なき声に耳を傾け、その行動を明らかにしようというのである。新文化集団に石牟礼道子が加わった理由も、これなら納得できる。左翼的用語が飛び交い、一見つかみどころのない新文化集団ではあるが、民衆の声に耳を傾けるという構想の中に、道子が入る余地があったのである。

過ぎし安保の純情はもはやかえらぬ一期の夢と今でもよう悟らぬ私は、舞踏会の手帖よろしくサークル村の残党を筑豊、鹿児島、クマモトとたずね歩いたものでした。残党などという云い方はよろしくない。自分がなぜサークル村に入ったか、思想で入ったより生理で入った私としては、ふたけたほど何事にもおくれていて、クマモトで分厚いサークル村のバックナンバーをみたときはびっくりした。

（石牟礼道子「新文化集団へ」）

石牟礼はこの文章で「サークル村もサンザン落ちぶれたもんですよ」という高浜の発言を記している。「サークル村」の機関誌『サークル村』が新文化集団へ大量に送られてくるが、とてもさばけない、と言うのである。厄介者扱いの大量の『サークル村』を見たことは、石牟礼にとって、表現の熱い火床として絶対視しがちな「サークル村」を客観的に見つめ直すきっかけになった。組織同士が支え合う地域横断的なネットワークの存在にも気づいたであろう。

『炎の眼』第一一集には「新文化集団趣意書」も載っている。「新文化集団」という署名のみで個人名は記されていないが、文章の調子から、渡辺京二が書いたと推測できる。何かが始まるとき狼煙《のろし》をあげるのはいつも渡辺である。

手探りであるということはやむを得ないし、一向に差し支えない。今や文化運動は泥の眠りについたかに見える。われわれは一切の文化現象の対極に身を置く。われわれが目指すところは、花咲き鳥歌う平和の園に殺気をはらんだ一筋の矢を放つことだ。その矢鳴りを合図に文化の楽園は修羅と化すであろう。変革はそこから徐々に始まるであろう。数回にわたる討論や行事をとおしてわれわれは、この集合を固有の文化グループとして発足することにした。われわれは、極度に自由なしたがってまた完全な自主性と同意による集団として文化運動をおしすすめようとするものである。（一部要約）

新文化集団が発足した直後、渡辺京二の父次郎が急死する。享年六三。次郎は妻かね子と別居して大分県日田で暮らしていた。父は一二月一三日、喀血で窒息死した。父の友人に京二は、父の女性問題でいかに母が苦しんだか訴えた。黙って聞いていた友人は「だけど友達で、ナベさんを悪く言う人はひとりもいませんよ」と言い、「父はそのひと言で救われた」と京二は思った（『父母の記』）。

六一年が終わろうとしている。新文化集団は発足したものの、渡辺は卒論の行き詰まりで心が晴れない。「人がすでに幾度も云っているようなことをおさらいするのはつくづくといやだし、それかといって自分のマルクス論を書く準備は出来ていない」(「渡辺京二日記」六一年一二月二一日)

二六日夜には渡辺の送別会が開かれた。年明け早々に東京に行くのである。

第三章　日本読書新聞

卒論を完成させ、春には卒業すること。卒業前からアルバイトを探し、可能であれば正社員としての勤め先を見つけること。生活のメドを立てて、熊本の妻子を呼び寄せる。それが渡辺京二の一九六二年の目標である。三二歳になる。

六二年一月七日、午後八時過ぎの列車で熊本駅を出発、八日午後六時、東京駅到着。敦子の弟の東大生、岩下雄二の下宿へ行く。入浴後、卒論を午前二時すぎまで清書。一月九日、徹夜し、午前六時近くに清書を終える。概要書も書く。

一月一〇日、卒論「マルクスにおける社会的人間の構造」を製本して学務課に提出。所属ゼミの北川隆吉教授に就職の相談。「山田宗睦と橋川文三の両氏を訪ねろ」と助言を受ける。同一二日、橋川宅を訪問。「出版社はむつかしいが、商社ならどうにかなろう」という。「この人とはこんな会い方をするのは不本意だった。本来の仕事のことで会いたかった」と日記に書く。

橋川文三（一九二二～八三）は吉本隆明と並んで渡辺が愛読した思想家のひとり。思想史的論文から文学的エッセイに至る広範な文章をのこした。正義や平等を求める情念が、なぜ右翼的な潮流としてあらわれざるを得ないのかと問うた。『日本浪漫派批判序説』など。

一月二四日には平凡社の谷川健一に就職の相談に行っている。健一は水俣の谷川四兄弟の長兄。初対面である。健一に悪気はないのだろうが、もうひとつの椅子の上に脚を投げだし、露骨に渡辺を見下している。「私はもうこれ以上、自分をみじめな立場におきたくない。もうこれ以上、就職の件で人をたずねてまわるまい。私は自分のペンできっと食って行けるようになってみせる」と屈辱を押し殺すしかなかった。

橋川文三の口述筆記の仕事が回ってきた。筑摩書房の『日本の百年』第四巻。二月五日に始まり、同六日は昭和初年の国家改造運動について筆記。一日約六時間のペースでほぼ連日仕事があり、同一六日に謝礼を五〇〇〇円受けとる。同一七日、口述筆記終了。二七〇〇〇円受けとる。

口述筆記の期間中、橋川の紹介で日本読書新聞の巌浩編集長と会い、「校正の仕事なら週二回ある」と言われる。法政大の北川教授から「法政大学出版局に常勤アルバイトの形で入ることに話をつけておいた」と連絡があったので行ってみると、同出版局に出入りする業者が求人しているという話だったので、断る。

二月一八日には思想家、吉本隆明（一九二四〜二〇一二）と運命的な出会いをしている。吉本は渡辺が「わが生涯揺るがぬ北極星」と畏敬する人である。谷川雁から「君も何か書いて吉本君のところへ持っていけ」と言われていたので、前日に書いた「テロルの根拠」を『試行』用に持参した。

御徒町の自宅を訪ねると、吉本が出てきた。「玄関でちょっと立ち話をしただけだが、謙虚さと誠実さがまざまざと感じとれた。そこらにいくらでもいるような単なる知識人ではない」（「渡辺京二日記」）と印象がよかった。

吉本さんは「はい」の替りに「へい」と言われた。まるで職人の親方である。物書きにこんな人がいるのかと思った。この人への私の終生変らぬ尊敬はこのとき生まれたのである。

（『父母の記』所収「吉本隆明さんのこと」）

『試行』の原稿は採用され、以後、吉本宅をしばしば訪れるようになった。ある日、実家に行く吉本に渡辺は同行した。電車に並んで座った。

吉本さんはあのがっしりした長身をまるですくめるようにして首をうなだれていた。あまりものも言われなかった。自分の姿を消してしまいたいと言わんばかりに見えた。太宰の「生れてすみません」ではないが、「存在してすみません」といった風情だった。（同）

三月四日、吉本宅を訪う。苦難のとき、方向を見失いそうなとき、渡辺の目は吉本を向く。「北極星」たるゆえんである。「人柄が純粋だ。私はいろいろな人物にこれまでふれて来たが、吉本氏程心底から好きになれ、一致感をもて、そういう言葉を使うなら「傾倒」しうる人には出会わなかった気がする。こういう人間に接すると、生きて来た甲斐があったように思う」と日記に書いた。

二月一九日から日本読書新聞でのアルバイトが始まっている。「今のような生活を続けねばならぬと思うと、暗鬱な気持にとざされる。せめて研究なり創作なりに専念できれば」と無念の思いをつづる。同二八日は法律や社会学の書籍で知られる出版社の弘文堂を就職活動で訪ねた。採用担当者から「編集、校正の技術特になし、自動車の運転もできぬ、何にもできない人だな」とのひどい言葉を投げかけられた。

日本読書新聞には谷川公彦がいた。五高の同級生である。のちに吉田と姓を改め、日本エディタースクールの創始者となった。三月七日、渡辺京二は公彦に就職のことを相談した。同級生ということで、公彦は渡辺に親近感をいだいていて、気を遣った態度で接してくれる。兄の健一や雁と違って質朴な性格であった。

三月八日、自由国民社へ会社訪問に行く。季節風書店の名で成人系出版物も出していることが分かった。「こんなのならふつうの商社などの方がよい」と早々に退散した。不如意の渦はつきまとってくる。三月九日には、二〇代のかけがえのない時期を共産党活動に費やしたことへの悔いを日記につづっている。


もっぱらナロードニキ的志向にひたされ、薄手なマルクス主義のみ思考対象としていたのは決定的な誤りだった。今となってはちょっととりかえすのが困難なように思う。私はその時期にこそ、ブルジョア的であれ封建的であれ、過去の精神的な最高の遺産ととりくんでいるべきだった。一五～一六歳までの私はそれをやっていた。党に入って、それまでの知的探求の道を清算したと思いこんだのが、そもそものまちがいだった。

法政大の卒業のメドが立ったので、三月一三日、いったん帰郷した。渡辺は熊本県庁勤務の妻敦子の東京転勤を期待していたが、その見込みは薄そうであった。「東京事務所に移れぬなら、もう退職することにして、秋までには東京で一緒にくらすことにしようと話し合う」（「渡辺京二日記」六二年三月二〇日）

法政大から突如連絡が来た。卒業式で総代として答辞を述べよという。「総代」は卒業生のトップということなので、喜びを感じそうなものだが、渡辺は冷めている。「同級生は一〇歳近くも年下」という思いがあった。「私はアマにまじったプロみたいなもので、成績がよかったからといって当たり前にすぎない」というのである。

東京―熊本の往復旅費の出費も痛い。出席を辞退したが、再度要請が来た。母から二〇〇〇円を借り、東京に向かった。三月二八日に都立体育館で開かれた卒業式で答辞を読んだ。成績は「世界経済論」以外「優」である。

私は遊び半分にこれだけの成績をとった。私は高い壇の教授席を見、本当なら私はそこにすわっていなければならなかったことを思い、ちょっぴりジュリアン・ソレルのような気持になった。むろんこれも詰らないことである。

（同、六二年三月二八日）

ジュリアン・ソレルとは、スタンダール『赤と黒』の主人公。封建社会における野心的青年の典型である。教授席を見ての感想はさもあろうという感じである。ゼミの北川教授は渡辺の一歳上の同世代なのだ。指導を仰ぐことには複雑な思いがあっただろう。卒業はしたが、勤め先を探さねばならぬ。四月二日、週刊読書人の第一次試験に合格したが、面接で落ちた。

六二年五月一九日、「遠い火点」と題して小説を書き始める。「死ぬことにつき考える。自分が破産していることを確認。おそらく死ぬ以外なかろうという結論。今、私を自己抹殺から向けかえるものが何かあるとすれば、それは自分と自分の生活を徹底的にこわすということだけだろう」（同、六月二日）。孤独が死を呼び寄せるのだと考え、「敦子と梨佐をなるたけ早く呼ぼう」（同）と思う。「出発点において私はまちがっていた。党に入った時、無限の堕落が始まった」（同）という暗い結論に落ち着いた。

一一月二日、谷川公彦が、「日本読書新聞の正社員にならないか」と持ちかけた。編集者がひとり辞めて欠員ができたのだ。同一〇日、日本読書新聞の面接があり、一三日、採用が決定。一二月五日より出勤と決まる。一一月二六日、いったん熊本に戻る。同二八日に新文化集団の総会があり、そこで初めて石牟礼道子と会ったわけである。

一二月三日、渡辺は東京に向かう。一二月五日、日本読書新聞に出勤。職種は記者。渡辺が日本読書新聞の正社員だったのは約一年四ヵ月である。六三年一月二六日、敦子と梨佐が上京。新居で夜、三人で食事。新生活が始まる。編集活動や私生活の大きな動きを日記から抜き出してみる。
「吉本隆明『芸術的抵抗と挫折』読了。あらゆる意味で全く感心のほかはない。戦後最大の仕事だろう」（一二月二三日）
「西武新宿線野方の井上光晴氏宅へ行く。井上氏は八年ぶりに会うのに私のことを記憶していた。用件は大江の『叫び声』書評の件」（一月二四日）
「埴谷（雄高）氏宅へ行き、サークル運動誌展望の原稿を依頼したがことわられる。橋川氏宅で研究集団の原稿をうけとって社へ。夕刻、花田清輝氏宅へ書評の依頼に行ったが不在」（一月三〇日）
「いったん帰社して、また花田（清輝）氏宅へ行き、原稿受領。花田氏というのは、おそろしく、やさしい声を出す人だ」（二月一二日）
「福永（武彦）氏宅へ寄る。福永氏宅ではあがりこみ、三〇分程雑談。原稿（長篇のたのしみ）受領」（二月二七日）
「磯田光一氏と渋谷東横グリルにて会う。あと紀伊國屋書店へ行き、矢島文夫氏の原稿受領。村上（一郎）氏に『火の山』の書評をたのんだが、ことわられる。赤坂ＤＡＧにて吉田秀和氏の原稿受領し帰宅」（三月一一日）
村上一郎に書評を断られたときの状況は、八七歳の渡辺が村上一郎『幕末　非命の維新者』解説に書いている。

東京で編集者をしていた頃、村上さんとお会いする折はあった。一度は吉本隆明さんのお宅。当時村上さんは『試行』の同人だったから、これに不思議はない。二度目は確か原稿依頼。場処はどこであったか。出身地を訊ねられたので答えると、「僕は九州の人間は信用しません」と即座に引導を渡された。この人が戊辰戦争の恨みをいまだに忘れぬ東人《あずまびと》であることは承知していたから、大して鼻白みもしなかったと思う。「軽薄才子は嫌いだ」と顔に書いてあった。

日本読書新聞時代の椿事は、六三年一月二一日、熊本の高浜幸敏から参院議員の沢田一精の秘書にならないかと打診を受けたことだ。沢田は六二年から参院議員を二期務め、熊本県知事に転身した。高浜は「給料がよいし、熊本にもちょいちょい来れるし、保守党の裏面も見ることができる」と勧めた。

沢田の秘書になること自体は面白いと思う。それはやっていい仕事だし、利用するにあたいするポストと思う。ただ、私にはそういう仕事は向くまい。むろん私はミイラとりにはならぬけれど、性格としてそういう特権的な仕事にあっていないのだ。

（「渡辺京二日記」六三年一月二一日）

渡辺京二が沢田一精の秘書を務める姿を想像することは難しい。しかし、その可能性はあったわけだ。歴史の大きな分岐点のひとつである。

「今日の午後、おタクに右翼が押しかける」という連絡が大塚署から日本読書新聞社に来たのは六四年四月二三日である。『日本読書新聞』三月九日号の週刊誌評という匿名筆者のコラムの中に皇室を侮辱する文言があったのである。「読書新聞事件」だ。

右翼団体は同日、謝罪と廃刊を要求した。折衝の末、日本読書新聞は謝罪する方針を決めた。これに対し、吉本隆明、谷川雁、埴谷雄高、森崎和江ら文筆家一三人が「言論の自由を後退させないための抗議および勧告書」を同新聞に出し、謝罪しないよう求めた。森崎和江は谷川雁に頼まれて名前を貸したのであろう。

吉本隆明は日本読書新聞に「絶対謝罪するな」と申し入れた。「右翼からパンチを入れられたら、絶対こちらも入れ返さねばならぬ」と渡辺に言った。「謝罪にはむろん反対です」と渡辺。「反対だけでは駄目だ。口先だけでは駄目だ」と吉本。日本読書新聞は五月一六日の紙面で謝罪した。身体的欠陥があるかのような書き方だったので抗しきれないと巌浩・編集局長は判断した。渡辺は辞表を出した。

これによって自分を正しさの方に確保しようとしたのではない。結局は口先の反対しか出来ぬ自分、腹というものの据っていない自分を裁いたのである。

（『父母の記』所収「吉本隆明さんのこと」）

「辞めることはなかったんですよ」と吉本は言い、渡辺の就職の心配をした。渡辺は自力で仕事を見つけた。『月刊さかん』という左官の専門誌の編集である。創刊号（六四年一〇月一日発行）から五号（六五年二月一日発行）まで担当した。

創刊号の林家三平のインタビュー「おなじ職人修業です」が出色である。三平は当時売れっ子の落語家。業界誌の枠を越えて幅広い読者を獲得したいとの意欲がにじむ。第二号の編集後記に「左官界とは何の縁もない編集の世界に生きてきた私にとっては創刊号を送り出す気持はほんとうに戦々キョウキョウたるものでした」と書いた。ルポ「最後の左官彫刻師　巷の芸術にかけた池戸庄次郎氏の一生」は朝日新聞で紹介され、全国から反響があった。

『月刊さかん』の編集をやめて、熊本へ帰る決心をしたとき、左官組合の専務理事から「事務局に入って東京に残りなさい」と勧められた。吉本に挨拶に行くと、「そうですか、帰りますか」とだけ言われた。渡辺のホームグラウンドは熊本であると吉本も分かっていたのであろう。これからは北極星に頼らず、自分自身の判断で航海せねばならない。

「渡辺京二日記」は六三年三月一九日に中断する。再開は六五年八月九日である。水俣病闘争（六八〜七三）の日記も、厚生省占拠やチッソ本社での自主交渉の時期のものは残っていない。多忙になると書かなくなるようだ。なぜ日記か、八九歳の渡辺は次のように述べている。

日記は書いておかないと不安なんだよ。忘れてしまうと消えてしまうから。自分が生きていて、あのころはどうだったというのを忘れるのが不安なんだよ。それで書いているんだと思うけどね。書いておけば、読みなおすと浮かんでくる。どういうことかというと、自分の一生というのを、ずっとやってきたことを、忘れてしまうのが恐い。だから書いているんだと思うね。

（『幻のえにし』所収「渡辺京二　二万字インタビュー①」）

六五年三月末、渡辺は妻子と熊本に戻った。梨佐は黒髪小学校の新一年生である。渡辺は「新聞の家」という書店に勤めた。上村希美雄の紹介である。半年ほどで辞めた。次は何をしようか。雑誌づくりが一番自分の性に合っているようであった。

新文化集団の名義で雑誌を出そうと思った。姉からの援助三〇万円を元手に、資金を渡辺が出し、経営も編集も渡辺がやる。ただし、新文化集団の名前は貸してもらう。

谷川雁から『熊本風土記』と名づけられるこの雑誌は、石牟礼道子『苦海浄土　わが水俣病』の初稿「海と空のあいだに」の発表誌というだけでなく、石牟礼と渡辺を固く結びつける、水俣病闘争の孵卵器というべき役割を果たすことになる。

第四章　コオロギとイモムシ

「個人経営の雑誌（月刊）を出すつもりだが、この編集を新文化集団でやらないか」。一九六五年八月三日、新文化集団の例会で、渡辺京二から提案があった。『熊本風土記』刊行に向けた第一歩である。おおむね賛同を得たが、出席者が六人と少数だったため、改めて検討することになった。

同一三日の例会では、高浜幸敏、本田啓吉、渡辺京二の三人から「新機関誌創刊についての共同提案」が出た。六一年末の発足以来の新文化集団の現状を「停滞」と捉え、「新たな推力」として「集団による新月刊雑誌の創刊であり、そのための専従者の設置」を提案。「専従の任は渡辺にひきうける用意があります」という。むろん渡辺京二編集長実現に向けてのシナリオに添っている。

共同提案の中で予想収支も示している。支出の中で、印刷費（五万七〇〇〇円）に次いで多いのが給料（一万五〇〇〇円）である。この給料がすなわち渡辺の取り分である。この提案が通るなら、特定の個人を養うための機関誌と言われても仕方がない。違和感を覚えた会員もいただろうが、その辺は渡辺も心得ていて、親しい高浜と本田との連名にしたのであろう。幹部三人の〝顔〟で押し切ったと想像する。共同提案は了承された。

了承された背景には、新文化集団結成当初から、新雑誌刊行を模索していた経緯もある。発足から一年後の六二年暮れ、新雑誌を計画し、「時期尚早」と断念している。幻の創刊号の目次には、石牟礼道子「水俣からの報告」が挙がっている。石牟礼が「海と空のあいだに」の連載を『熊本風土記』で始める三年前である。

「渡辺京二日記」は六五年八月九日に復活。それによると、八月二四日、新雑誌の内容について本格的な話し合いが熊本市であった。新文化集団例会。会費八〇〇円である。出席者は渡辺、高浜、上村ら会員とオブザーバーの谷川雁、和田勇一ら合計一二人。会員の石牟礼も水俣から参加した。

・雑誌発刊計画について、全般的に相談。
・誌名は「熊本風土記」と決定（谷川提案）。
・創刊号については、小味はきいているが、これから打って出るという気迫にとぼしいとの批判（谷川ら）。
プランを若干手直しする。権力とイザコザを起さないものは無効という高浜意見に渡辺留保し、若干争論あり。
（「渡辺京二日記」六五年八月二四日）

最大のポイントは石牟礼道子が参加していることである。新文化集団とは距離を置いていた石牟礼が例会に突如あらわれたのには理由がある。例会前に、渡辺京二が水俣の石牟礼と面会し、新雑誌への連載のかたちでの寄稿を依頼したのだ。既述のように、石牟礼が水俣を書きたいということは新文化集団で共通認識となっていた。編集の実権を握った渡辺は石牟礼の連載を具体化すべく、水俣に足を運んだのだ。

それはいつだったのか。重要な節目は六五年八月一三日である。渡辺ら三人の連名による「新機関誌創刊についての共同提案」が承認された日だ。この日を境に渡辺の行動は活発になる。早め早めに手を打たないと原稿は集まらない。

結論としては、六五年八月一四日から同二三日の一〇日間のいずれかの日に渡辺は水俣の石牟礼に会いに行った。「秋の初めに行った」と渡辺は再三語ってきたが、「晩夏」が正確だ。夏の盛りは過ぎ、秋のような天候だったのだろう。

渡辺は「（石牟礼が）見ず知らずといっていい私の雑誌に連載を書いてくれることになったのは、ひとつには谷川雁氏の紹介」（石牟礼道子『苦海浄土　わが水俣病』〔講談社文庫〕解説）と書いている。新文化集団の同じメンバーとはいえ、実際に書いてもらうとなれば、石牟礼の師匠格の雁の介在が必要だった。八九歳の渡辺は次のように回想している。

石牟礼さんに連載を書いてもらおうと思ったわけ。でも、それまで一度会っただけで付き合いはなかったから、雁に頼んだのよ。手紙で紹介してくれたのか、電話で紹介してくれたのか知らんけど、それで僕はバスに乗って水俣まで行ったんだよ。それが僕の熊本――

水俣間のバスの乗り始めだった。

（『幻のえにし』所収「渡辺京二　二万字インタビュー①」）

「一度会っただけ」というのは第一章冒頭でも紹介した六二年一一月二八日の新文化集団の総会をさす。渡辺が六五年八月に水俣の道子を訪ねたときは、総会以来、二度目の対面だった。このときの様子を渡辺は次のように回想している。

行った時の記憶は、だんなさんと高校生の息子さんがいた。それで晩ご飯を食べていきなさいと言われて、食べて帰った。「この人は料理が下手だな」と思った（笑）。なんかシチューみたいなものを出されてね、その中にチーズが入っていて、俺の口に合わなかったんだろうね。あの料理上手なのにさ（笑）。僕は当時、「あの人は才女だから、あんまり料理は上手じゃない」ぐらいに思っちゃったんだろうね（笑）。そして、「熊本風土記」に書いてくれることになった。（同）

繰り返すが、この対面は八月一四日から同二三日のいずれかの日におこなわれた。渡辺が石牟礼を一本釣りしたように思われがちだが、実際には新文化集団内の歩みに沿った動きである。水俣での渡辺との面会をへて、石牟礼は八月二四日、水俣から熊本に来た。これが石牟礼と渡辺の三度目の顔合わせなのである。

石牟礼は自分が書くことになる新雑誌についてもっと知りたかった。新文化集団では軽く扱われてきたが、新雑誌の執筆予定者になったのだから胸を張って会合に出ていいのである。もう一度渡辺と会って、お互いの覚悟を確認する意味もあったろう。
渡辺は九月一日、石牟礼に手紙を出す。水俣で集会を開いてくれるよう要請したのだ。雑誌を軌道に乗せるためには県内各地に拠点をもうける必要があり、意気投合した石牟礼に水俣での取りまとめを頼んだのである。新雑誌刊行が決まってから、新文化集団内での石牟礼の存在感が増してきている。

昨十日の会合、折角、地図まで書いてお送りいただきましたのに、不参で申訳ありません。どのように進行なされたかと気にかかっております。スポーツをやるようにもゆかないでしょうが、気を抜いておやり下さることをおすすめいたします。それにしても御世話役は大へんです。ズボラ居士達の後にまわったり先に出たりで。私など心情の世紀末から容易に抜け出せなくて、無常感に沈潜してゆく途中で、新文団に、ふらふらと、ひっかかり寄った形ですので、はなはだ申訳なく存じていますが、ひときれのエゴイズムが辛うじて死に絶えずにいますので、そこからはゆずれませんので、何とかやってゆこうと思います。
（「渡辺京二宛て石牟礼道子書簡」六五年九月一三日）

新文化集団の例会が九月一〇日に開かれた。参加できなかった石牟礼から渡辺へのわび状を兼ねた便りである。例会の出席者は六人にとどまり、会計報告や例会を毎月一回と決めた程度で新雑誌に関しては進展がなかった。「新文団」とは新文化集団の道子なりの略語である。水俣集会の日程の打診もしている。渡辺の要請に応えたものだ。

水俣も（の連中も）イメージあるときは体が動かず、体が動くときにイメージなしといったあんばいで、（それとカネ！）一向意気あがりませんが、一体どんな様子か探検のおつもりでいらして下さい。（あまり期待されても気の毒ですので）。十九日、第三日曜ならば、こちらも好都合で、場所は、教育会館です。一時頃から始めたら、と思いますが、何時のでいらっしゃるか御連絡いただけば、それにあわせてお待ちいたします（教育会館は、市内バスに乗り、ユービン局前、あるいは公会堂前、でおりるとすぐです）。

（同、六五年九月一三日）

この手紙を受けとった九月中旬、渡辺は「〝熊本風土記〟発刊によせて」という総タイトルの推薦文の寄稿依頼に多忙である。谷川健一（平凡社参与）、森川譲（作家）、谷川雁（詩人）、鶴見俊輔（同志社大学教授）ら九人に書いてもらってB４一枚にまとめて、協力してくれそうな人に配布している。黄色の紙に印刷された「〝熊本風土記〟発刊によせて」は創刊号に同封された。「なりふりかまわず」という題の鶴見の文を掲げる。

1、東京のだれかのつくった普通言語によって考えることをせず、地方の方言にあくまでもくっついて、自分の問題を考えてゆこう。
2、なりふりかまわず、はいってゆくぜ。
こんな事を書いた谷川雁の文章が、心に残っている。もとの文章はもうすこしうまかったような気もするが、この二つのことが、新しく熊本ではじめられる雑誌の目標になってほしい。この雑誌は、郷土史研究とか考証的研究のほうにひきよせられることなしに、そこの人の問題を、そこでしか考えられぬしかたで考えてほしい。

(「〝熊本風土記〟発刊によせて」)

鶴見は新文化集団とつながりがあった。「思想の科学」講演会が六二年五月に熊本県立図書館で開かれ、『思想の科学』(思想の科学社)の主要メンバーの鶴見が講演。講演後、鶴見から新文化集団に、『思想の科学』移動編集を任せたいとの打診があり、それに応じた新文化集団は『思想の科学』六二年一二月号に「ナショナリズムの転生」特集を組んだ。

既に記したように石牟礼は同号に『西南役伝説』第一作「深川」を発表。渡辺は蓮田善明論を書いた。渡辺は東京でこの号を読み、「どれもこれも大したことなく、がっかり」(「渡辺京二日記」六二年一二月一七日)と感想を書いている。

話が少し脱線した。六五年九月一三日の「渡辺京二宛て石牟礼道子書簡」に戻る。先に引用したのにつづく後半は以下の通りである。

水俣病原稿、ユーウツでチチとして進みませんが、何とかせねばと思うことですが、困っています。どうやら書くとは思いますが。私も熊本にゆかねばならぬ用事たまり、のびのびになっているのですけれど、渡辺さんに連絡つけたい時は、デンワありますか。飛びまわっていらっしゃるので、定まった連絡場所は、おうちしかありませんのでしょうか。私はおそろしくスローモーションなのでセッカチになる結果となり、おめにかかりたい時はデンポウさしあげてもよろしいですか。

「水俣病原稿」とは「海と空のあいだに」のこと。「ユーウツでチチとして進みません」と甘えるように書いている。自分の書いたものを待ってくれる人ができた安心感がにじむ。「担当編集者と作家」という関係に入ったからこそ、「デンワありますか」「デンポウさしあげてもよろしいですか」と踏み込んだ言い方になる。

渡辺は九月一七日、熊本・八代に出かけ、八代高校や八代東高校の教師に協力を依頼している。新文化集団の人脈を頼っての協力打診行脚である。

渡辺は九月一九日、道子がお膳立てした水俣集会に出かけた。午前一〇時前、水俣に着き、蘇峰会会長らへの挨拶を済ませ、午後から教育会館に向かった。集会の参加者は石牟礼、赤崎覚、松本勉ら渡辺を入れて八人。意見交換の結果、水俣勢は全面的協力を約束し、創刊号五〇部を引き受けてくれることになった。渡辺は散会後、水俣の夕焼け横丁「しゃぶしゃぶ」で石牟礼、赤崎、松本と酒を飲んだ。

赤崎覚（一九二七〜九〇）は水俣市役所職員。水俣病最初期からの患者支援者である。『苦海浄土』に登場する蓬氏のモデル。松本勉（一九三一〜二〇一〇）も市役所職員。六八年一月の水俣病対策市民会議発足にかかわり、日吉フミコ（一九一五〜二〇一八）と並ぶリーダーとして運動を牽引した。渡辺は水俣の面々に気に入られたようである。

昨日は御疲れさまでした。コオロギとイモムシの対面のごとき前半、どうなることかと気をもみましたが、まずは、こちらの面々との交流、うまくいったようで、ホッといたしました。「ありゃあ、よか、若者じゃがな」とは、はじめのうたぐり深かった態度もうち忘れての彼らのあなたへの評です。一度ほれこんだらあとはトロトロと一心同体というのが、水俣の男たちの身上です。徐々に協力態勢がつくられてゆくことでしょう。

（「渡辺京二宛て石牟礼道子書簡」六五年九月二二日）

「話の通じる人にやっと出会った」という昂揚が感じられる。ずいぶん長いあいだ孤独でいたのである。「〝熊本風土記〟発刊によせて」を持参して水俣を営業して回るよう渡辺に勧めている。「高群夫妻を神さまのようにおもっている人」として人吉の郷土史家、高田素次の名を挙げている。渡辺が最初に水俣を訪問した際、「水俣病」だけでなく「高群逸枝」も話題にのぼったことが察せられる。

水俣病は終わったとされていた六四年、石牟礼は女性史学を創設した高群逸枝（一八九四〜

一九六四）を知った。封建的な男性中心社会の水俣で息が詰まる思いをしていた道子は逸枝の『女性の歴史』で霧が晴れる心地がした。「一番悩んでいること、一番つらいこと、私が普段思っていることへの答えが全部書いてありました」と道子は晩年に述懐している。

石牟礼は面識もない逸枝に手紙を出し、亡くなる直前の逸枝はそれを読んだ。逸枝の夫橋本憲三（一八九七〜一九七六）によると、「両三度、道子さんのことをほめて、口にした」という。以来、逸枝伝の執筆は道子の悲願となった。六五年九月二二日の「渡辺京二宛て石牟礼道子書簡」では逸枝伝や女性史について意欲を語っている。

高群伝について私の計画を云えば、全著作を素読するだけで最短五年はかかるでしょうし、精読し、私なりの女性史へのトウタツが出来るのは、私のノーリョクでは、いうもはずかしいことですが、あと四十年（生きていれば）かかるかなとおもっており、もしそれより早く書くことができたとして、喜ぶべきかそうでないか、わかりません。けれどもどうしてもやりたいことで、それは私の生き方の問題に関するので、これをジャーナリスチックに提出する気は毛頭なく、もちろんあなたがそんな風に書けとおっしゃる訳ではなく、ただどうしても書けといわれれば、さしより『火の国』の書評や『女性の歴史』『日本婚姻史』を研究のための覚書風には書けると思います。が、逸枝さんをヒ小にしはすまいか、と恐れます。

今理論社が講談社の組板をゆずりうける交渉をして、全集を出すことにとり組んでおり、これは橋本氏が校正の中心になる模様ですが、視力と体力がスイジャク、緒につけば編集を水俣にうつすとおっしゃっていますので、私はそうなれば、何もかもおいてお手伝いしようと思っています。（短くて二年はかかるそうですから）二年位上京して橋本宅の資料調査をしたい、と思っていましたから、水俣にいらっしゃれば天のおたすけです。憲三氏の聞書もとらねばなりませんし、そう云う仕事の中間報告のような形でも発表は出来る訳ですね。もちろん、憲三氏のおゆるしをえてからですが。

逸枝さんの死亡通知を憲三氏が下さった折に、「故人はあなたをホメてうつくしくほほえんだことがあった」と書いてあったので、ただならぬ尊敬と親愛を感じていた私は逸枝熱頂点に達し、ねてもさめても逸枝さんのことばかりおもっていて、これは私にとって重大なケイキになりそうです。前半世を全部ブッタ切っても、この人の世界にくぐり入ってみるべきだと思っています。


橋本憲三は水俣に帰郷し、六八年一〇月、『高群逸枝雑誌』の刊行を始めている（八〇年まで三二冊）。道子は憲三のサポートをしつつ、創刊号から逸枝の評伝「最後の人」を連載（七六年まで一八回）。七三年二月には逸枝伝の取材に水俣に来た瀬戸内晴美（当時）を憲三に紹介している。

六五年九月二二日の「渡辺京二宛て石牟礼道子書簡」にはまだつづきがある。道子の思想形成に大きく寄与した水俣出身の詩人、谷川雁に言及しているのだ。この時点の道子にとって高群逸枝と谷川雁はセットだったようである。既述したように、雁の『原点が存在する』に大きな影響を受けた。

前半世というのは、雁さんの(大地の商人)「根へ、根へ、花咲かぬ処へ、暗黒のみちる所へ、そこに万有の母がある」という言葉が、家父長制社会のひとりから、女たちにむけられた、まともな問いかけであったな、というあたりで、終る、のです。

万有の母とは、なんだ、私ではないか、と女なら云うでしょう。母たちないし妣たちの祖像の性がそのまま女たちの生理であるかぎり、それはそのまま原理として存在しているのですから。この原理を男たちが解いてくれるのを待っていられない、と思っていました。

そんな時に、女性の歴史(性の牢獄)を読んだわけです。その直後に彼女の死。それで前後の巻を。体がふるえてとまらないのを机のはしをつかんで読みました。大へんだ大へんだと思いながら。これまでの日本史は彼女に恥ずべきではないか、と私は思いました。それはいまもバクたるおもいですけれど、女たちが受け継いできたチジョクは人間のチジョクですけれど、そしてわれわれはそれをこそ唯一の連帯とするのですけれど、彼女が女性史に打ちこんでゆく原衝動を感じていると、まさに階級の母胎そのもののような生々しい血を持った女性に抱ヨウされて、泣きじゃくりたくなります。あんまり自分が解きはなたれてゆくようで——。そんな自分に慣れなくて羞かしいという気持がまた一方にあって、男社会のありさまをみているわけです。媒介のきれてしまった片割れを。ですから分断された地図をみるようにしか性をみれないと云う気もします。状況の、そのまた奥に決して澄んでなどしまわない湖の底で、母系共同体の、その葦の節穴から、この世と息を通わせている気もするのです。逸枝さんもきっとそうにちがいなかったろうと思います。

こんな風にずらずらと書いてもしょうがないです。

水俣庶民史は第一回分のはじめから（現代の記録にのせたもの）（みじかいですから）のせていただくほうがよくはないでしょうか、どうにかまとめて少しずつ送ります。

最後の段落の「水俣庶民史」とは、この時期の道子がどうしても書きたかったテーマのひとつである。道子は「水俣病」「民衆史」「逸枝伝」の三つを書きたい、と渡辺に語り、渡辺も了解した。渡辺にしてみれば「水俣病」だけで十分なのだが、「民衆史」「逸枝伝」も魅力がある。思わぬ収穫だった。

石牟礼は六一年夏から、水俣記録文学研究会のメンバーとして、庶民の座談会をつづけてきた。その記録を『現代の記録』に載せたのだが、あまり反響もなかったので、同じものを『熊本風土記』にふたたび掲載してくれと頼んでいるのだ。「座談会・水俣庶民史」は『熊本風土記』第二号に載ることになる。

第五章　風土記水俣事務局

一九六〇年から六八年は水俣病の「空白の時代」と呼ばれる。五六年に公式確認された水俣病は、厚生省特別部会の解散、漁業補償、サイクレーター、見舞金契約など五九年のめまぐるしい会社と権力側の一連の動きによって「終わった」ことにされてしまった。

『熊本風土記』創刊の一九六五年は、新潟水俣病が公式確認された年である。新潟県は六月、阿賀野川下流域に有機水銀中毒患者が発生したと発表した。第二水俣病。眠らされていた水俣がふたたび目覚める。「ふかい、亀裂のような通路が、びちっと音をたてて、日本列島を縦に走ってひらけた」と石牟礼道子は書く（『苦海浄土　わが水俣病』）。

渡辺京二は創刊準備に忙殺されていた。あてにしていた印刷所が九月二〇日に全焼。急きょ、新たな印刷所を探さねばならなくなった。同二四日、吉本隆明が推薦文を書いてくれることが決定。谷川健一は三号くらい先には寄稿するという。谷川雁が口をきいてくれて、日本読書新聞の巌から一万円の寄付があった。

印刷を某社に依頼してみたが、予算の六万円では引き受けられないという。『熊本年鑑』主宰の畠田真一から田崎町の栄文舎を紹介された。社長と面会すると、六万円でやってくれるという。「表紙は三色、紙は上質」という好条件である。印刷のメドが立った。

渡辺は九月二七日、石牟礼、松本、赤崎ら水俣勢に手紙を書いた。水俣訪問時のお礼と創刊も近いのでよろしくという挨拶である。一〇月二日、『熊本風土記』の表紙を描いてもらうことになった熊本市在住の洋画家、板井栄雄に礼状を出した。渡辺より二歳上の板井は、その権勢から熊本の天皇と言われた洋画家、海老原喜之助（一九〇四〜七〇）の門下。『炎の眼』でも板井にカットを描いてもらっている。渡辺と板井はウマが合うのだろう、『熊本風土記』全一二冊の表紙・カットは板井の手による。

一〇月二日、石牟礼道子から手紙が来た。渡辺の手紙への返信である。

私など家事労働忌避性ジンマシンがまたぞろ秋風とともにいろいろと起りつつあり、やっとちゃぶ台兼机の前に座ると、この世はコントンモウロウ、何もしたくないという欲望にとりつかれ、「現代において自由と悦楽をとりもどす唯一の道は、それは至難のことではあるが、何もしないという戒律を自らに課すことではあるまいか」などと乞食行に出ることなど空想し夢の間に日が暮れる始末です。逸枝研究をやりたいのは、これを至上の悦楽と思えるからで――。（世俗にかかずりあわなくてやれそうなので）。このような私の傾向を逃避という人もあり、私はひたすらな逃避をやり終えたいものだとねがっています。

（「渡辺京二宛て石牟礼道子書簡」六五年一〇月二日）

「家事労働忌避性ジンマシン」「この世はコントンモウロウ」など呪文にも似た言葉を並べて一筋縄ではいかない日常を打開しようとしている。「乞食行」など突飛な言葉を持ち出して日常を揺さぶってみるものの、容赦なく日は暮れる。安逸と倦怠に満ちた日常の記述の合間に、逸枝伝への思いもしっかり述べている。日々がどんなにつまらなくとも、逸枝伝だけは譲れないのである。注目すべきは以下のくだりだ。書き手として『熊本風土記』にかかわるだけでなく、事務一般や販売でも協力したいという。

さてこちら、風土記水俣事務局を形、中味、ともに発足させるべく工作中。現代の記録をなし崩しに横すべりさせても元のもくあみなので（結局私ひとりの手仕事になっていましたので、このままでは彼らの主体性もひき出せないし、また、私の逸枝研究も時間的に出来ないので）、あなたが今度いらっしゃる日までに、陣容ととのえるべく、準備中。

（同、六五年一〇月二日）

道子はそう述べた上で、「風土記水俣事務局」を充実させる方策として四項目を挙げている。①庶民史の発会式をし、その場に渡辺が来て、風土記の宣伝をする。②水俣事務局は独自の基金を持つ。③式のやり方は淇水《きすい》文庫（水俣市図書館）館長の中野晋の考え方を聞き、これに従う。④発会式に来られなかった人のもとを渡辺が訪ねて協力を要請する。

積極的に人と会うやり方で道子は『熊本風土記』を売ろうとしている。渡辺の主眼はあくまで編集、執筆であり、誌面の充実を何よりも優先する。腕利き営業マンのような活躍を渡辺に求める道子のもの言いは、渡辺を困惑させたかもしれない。

中野晋は高群逸枝の著作を読むように道子に勧め、逸枝との出会いをつくった人物である。庶民史にも力を入れており、道子が信頼を寄せていた。

はしゃぎ気味の道子に渡辺は「水俣が実質参加をするまではながい年月が要る」とクギを刺している。道子も「ひょっとして不毛に終るかな水俣が、という危惧もございます」と応じている。そんなやりとりをしたものの、現実的課題につぶされたくない、という思いが先に立つ。いまはとにかく夢をみていい時期なのだ。

水俣グループを自然消メツにはさせたくない気持が動きまして、そればかりではなく、最終目的の女性史、にも含まれてゆく問題ですので、何よりやりかけた仕事ですので、風土記の手伝い、ということでなく、自分のことことしてやって参ります。非常に苦痛なことですけれども。

（同、六五年一〇月二日）

「水俣病、文体がギョウ縮しなくて弱っています」（「渡辺京二宛て石牟礼道子書簡」六五年一〇月五日）。道子は「風土記水俣事務局」に思いをはせる一方で、書き手としての仕事、「水俣病」すなわち「海と空のあいだに」の仕上げに苦吟している。一〇月六日、「原稿を七日に送る」旨の連絡が渡辺に届く。

実際に届いたのは八日だった。「海と空のあいだに（一）」というタイトル。冒頭から渡辺は引き込まれた。「いってみれば編集者としての私に対する彼女の贈り物であった。第一回の山中九平少年のくだりを受けとったとき、私はこれが容易ならざる作品であることを直感した」（石牟礼道子『苦海浄土　わが水俣病』〔講談社文庫〕解説）

年に一度か二度、台風でもやって来ぬかぎり、波立つこともない小さな入江を囲んで、湯堂《ゆどう》部落がある。

湯堂湾は、こそばゆいまぶたのようなさざ波の上に、小さな舟や鰯籠《いわしかご》などを浮かべていた。子ども達は真裸で、舟から舟へ飛び移ったり海の中にどぼんと落ち込んでみたりして、遊ぶのだった。

夏は、そんな子ども達のあげる声が、蜜柑畑や、夾竹桃や、ぐるぐるの瘤をもった大きな櫨《はぜ》の木や、石垣の間をのぼって、家々にきこえてくるのである。

（「海と空のあいだに（一）」）

読み手は「こそばゆいまぶたのようなさざ波」にまず立ち止まる。どういう波か、辞書的に説明することは困難だが、つかまえたとたん消えてしまう、可憐で清冽な水の動きはたしかに伝わる。「まぶた」と「波」の意外な組み合わせが詩的イメージを喚起する。

文体は十分に「ギョウ縮」している。生活圏のある入江を俯瞰し、老いた漁夫らの点描をへて、山中九平少年をクローズアップする。語り手との視点をもつドローンが海から陸に迫るかのようだ。

「海と空のあいだに」第一回掲載分が『苦海浄土　わが水俣病』「第一章　椿の海」の「山中九平少年」になる。「こすりつけるのである」を「こすりつけたりするのである」とするなどわずかな直しがあるが、大きな異同はない。作品の冒頭ということもあり書き直す必要もないほど推敲したのであろう。

「雑誌づくりはアンサンブルである」と九二歳の渡辺京二は言う。創刊号巻頭の「海と空のあいだに」につづくのは、和田勇一、谷川雁、高浜幸敏の討論「熊本・その思想的風土」である。巻末の連載「伏流」も目を引く。筆者は護田実。部落差別問題をテーマとしている。渡辺は護田と何度も面談し、原稿のリライトもして仕上げたのである。「海と空のあいだに」と並ぶ雑誌の柱という位置づけだ。「海と空のあいだに」と同じく八回掲載された。

福島はつえの聞き書き「庶民列伝（一）　火の国の下町女」も注目作である。署名はないが筆者は渡辺京二だ。はつえは、同性愛小説で芥川賞候補に二回なった福島次郎（一九三〇～二〇〇六）の母。渡辺は福島の長編『現　車《うつつぐるま》』に感心し、その主人公のモデルのはつえに興味をひかれた。創刊号の準備に忙しい一〇月八日に電話で取材の約束をとりつけ、九日夜、熊本から八代まで出向いて二時間話を聞いた。聞き取った話は、第二号以降に載せるつもりだったが、高浜の原稿が間に合わず、急きょ創刊号に入れたのだ。

はつえの聞き書きに三頁さいた。「はつえさんはまだ『現車』を全部読んではいない」など渡辺の地の文が構成を支える。波乱万丈の生涯を簡潔にまとめてはいるが、インテリが要約した感じはいかんともしがたく、語りの迫力に乏しい。三頁というのがまず少なすぎる。まとめようという意識が先行してペンが萎縮した印象である。

石牟礼道子は渡辺京二の聞き書きに瞠目した。硬派な論客のイメージがつよい渡辺の聞き書きは石牟礼にとってみれば驚天動地、冒険的試みにほかならないからだ。道子は、第二号の「庶民列伝（二） 火の国の下町女」の「定期場の人びと」に登場する「飛行機お玉」という〝オナゴやくざ〟とも呼ばれる女性に注目し、賛辞を渡辺に書き送っている。オナゴやくざの台詞の大いに共感したのか、書きぶりが奔放であり、庶民列伝よりよほど生彩がある。聞き書きにかんしては、石牟礼は渡辺より数段上、ということを再認識させる。

ヒコーキお玉のお話、東雲のストライキより質感が高い感じです。あなたのあまりお上手でもないいらしいクマモトベンで語られるクマモトベンのお玉さん、はつえさんには、妙なリアリティがあり、実にひきこまれておききしました。うしろに手をまわしたお玉が（ほつれ毛を風に含ませて、おそらくにっこりして）「あたしゃ行きよるばい」という場面、ここは大向うが、ゾーッとして、次にナントカ屋！と声をかける花道のところですね。ゾクゾクするじゃありませんか。まったく。ああクマモトベンのお芝居書きたくなっちゃう。（私は今でも田舎芝居の役者になりたかったと思っています）お玉さんに逢いにいらっしゃる時はぜひ私もつれていって下さい（あなた、わたくしを工作するつもりで話されたのですか)。いやいやあなたおひとりでいらした方が七十の老女といえども、婉な話しぶりになるでしょう。でも、やっぱりひとめお玉さんに逢いたいものです。ダイガクのセンセはオッカナイですけれど、お玉さんならなつかしさかぎりなく、ひとりででも飛んでゆきます。居所教えて下さい。

(「渡辺京二宛て石牟礼道子書簡」六五年一一月一五日)

定期場の人々、息も血も通っている人間が出て来てうれしさかぎりなし、書いて、編集して、売って、それがどんなことか、一ぺんでコリゴリした私には、あなたは超人ですよ。とはいえ実に気の毒で――。

(同、六六年三月二七日)

渡辺は一〇月中旬以降、印刷所との交渉、原稿・広告依頼、編集協力者との打ち合わせで多忙である。はつえにつづいて作家で熊本商科大教授の森川譲(甲斐弦)にインタビューし、詩人の藤坂信子に詩を依頼。『週刊熊本』の取材を受けるなどしている。

一〇月二三日、創刊号校了。同二八日、創刊号一〇〇五部が発行所の自宅に届いた。注文は一〇〇〇部であり、五部はオマケであろう。

創刊号一〇〇五部が完成した翌日、石牟礼道子からの手紙を渡辺は受け取った。

山中九平こと松田富次(仮名ということわりは出さなくていいでしょうか?)の姉は、私とおない年の昭和二年です(登場人物の生年月日、患者番号はルポルタージュですから事実に従いました）。おなじ年の漁師の娘のすさまじい殺され方にはじめショクハツされたのです。女の一生のうちでの生殖能力についていろいろ考えさせられます。山間海浜での性について、水俣病もいやおうなくぶつからざるをえません。生命の母胎に流された毒をどんな風に書けるか、と思っています。

（同、六五年一〇月二七日）

山中九平は小児性水俣病患者の松田富次をモデルにしている。校了後に、「仮名ということわりは出さなくていいでしょうか？」と言われても困惑するしかない。結局、単行本も「山中九平」のままである。富次の姉のフミ子は「海と空のあいだに」では描かれず、「海と空のあいだに」に加筆した『苦海浄土　わが水俣病』に「山中さつき」として登場する。五六年夏に狂躁状態で亡くなった劇症型患者である。

さつきと弟の九平が母の付き添いで水俣辺境の白浜にある避病院に入院したときのこと。母の語りは以下のようである。「寝台の上にさつきがおります。ギリギリ舞うとですばい。寝台の上で。手と足で天ばつかんで。背中で舞いますと。これが自分が産んだ娘じゃろかと思うようになりました」（『苦海浄土　わが水俣病』「四十四号患者」）

避病院の先に火葬場がある。「避病院から先はもう娑婆じゃなか」と母は言う。道子の実家の吉田家は道子の幼少期に没落した。破産後の吉田家の引っ越し先がまさに避病院や火葬場がある海岸近くの村だった。もはや「娑婆」ではないエリアの、夜光虫の集まる海や植生が四季を織りなす丘に道子は親しんだのである。

先の手紙で道子は、「海と空のあいだに」の書籍化への意欲を語っている。

「書きおろし」とかいう生原稿を出版社に送るのはどうにも不安なので、やはり、風土記に全部連サイさしていただいて、それから、出す、という風にしたいと思います。今のところ、四五〇枚の予定ですから、風土記がツブレないとすると、十五回になります。もっとも石井氏にも雁夫妻にもまだ云っておりません。その条件で向うがダメなら、ダメでもよく、他の出版社を見つけるつもりです。あなたは如何思われますか。出版社というのがよくわからないので、手紙出すのもおっくうで、今のところひとりでそう思っています。第二回分のつもりの原稿は出来ていますが、三、四、五——と構成上どう入れかえたらよいか、ケントウ中。三十一日御来水までにはきめて、お渡し出来るよう手を入れておきます。

(同、六五年一〇月二七日)

谷川雁夫妻らの仲介で、出版社を探しているのだ。貧しい暮らしから抜け出せない道子には本の収入を生活の資にしたいとの望みがある。『熊本風土記』での連載は書籍化への一過程という位置づけであった。一〇月三一日に渡辺が水俣に来る。その日を目標に第二回目を仕上げる、と道子は言っている。

創刊号の巻頭を飾った「海と空のあいだに」の評判はどうだったのか。厚さ数ミリの雑誌に不特定多数の読者の関心を呼び起こす力は乏しい。反響は皆無といってよかった。

「海と空のあいだに」への最初の活字での評価は『熊本風土記』第三号にあらわれる。「読者の手紙」コーナーに五人の感想が載っている。道子の代用教員時代の恩師徳永康起は「道子さんのものはよく判ります」と一行だが肯定的評価。平凡社勤務でのちに民俗学者になる谷川健一は「読者に少しごたついた感を与えると思います。整理しつつ展開するフォルムを作る必要がありましょう」と注文。福岡市の読者は「……ハンセン氏病の問題を水源まで探れないでしょうか。部落、ハンセン氏病、水俣病では誌面が暗すぎるかもしれません」と記している。

池澤夏樹編集の『世界文学全集』の一冊に選ばれるなど二一世紀には評価が定まる『苦海浄土』だが、一九六九年に講談社で単行本になる際も、その前に岩波書店でボツになるなど評価は定まらなかった。雑誌発表の段階ではなおさらのこと。渾身の道子の作は、海のものとも山のものとも分からぬという扱いを受けていたのである。

それでも編集者渡辺京二は「第一回の山中九平少年のくだりを受けとったとき、私はこれが容易ならざる作品であることを直感した」と傑作であることを確信していた。「時に休載することもあったが、原稿はほぼ順調に一回三十〜四十枚の分量で送られて来た。すなわち、作品はほぼノートの形ですでに書き上げられていて、彼女は締切りごとにそれに手を加え原稿化しているのだと私は推察した」（『苦海浄土　わが水俣病』解説）

道子の手紙に戻る。先に引用した書籍化のくだりにつづき、以下のように書いている。

庶民史、この前、あなたから「もっと読みやすい形で」とのお申し出あり、そのことについての打合せ済んでおりませんが、そのままでよければ、来月二日ぐらいまででよろしければ現代の記録分に追加して用意いたします。それとも充分お話ししあって、三号からでもおそいということもないでしょう、とも思います。（同、六五年一〇月二七日）

「庶民史」とは、第二号に掲載された「座談会・水俣庶民史① コレラの神様を鉄砲で打つ」を指す。座談会出席者は谷川健一、中野晋、石牟礼道子、松本勉、福田実、水俣の古老五人。疫病の恐怖や薬代の支払いについて六頁にわたり語り合っている。「ほぼ十回の予定で、ふた月おきに本誌に掲載する」と編集部の予告が出ているが、庶民史はこの一回限りで、その後出ることはなかった。九二歳の渡辺に事情を訊くと、「座談会を取りまとめる道子さんが忙しかったんだろうなあ」との返事だった。

道子書簡には「やりもしない日教組ストライキ予告に、刑事氏が、私の小屋のまわりをあまりうろうろするので、委員長ドノである石牟礼氏にメイワクかけぬよう、私の方の資料を整理したり、メンバアのひとりが結婚するやらで、今月はまったく雑事の月で、人吉にも行きそびれています」とある。道子の夫の中学教員の弘は日教組水俣地区の責任者であり、左翼系の活動家の動向に神経をつかう警察は弘を監視対象にしていた。

「人吉に行きそびれています」というのは、『熊本風土記』を応援してくれる郷土史家の高田素次から人吉に来るよう誘われているのだが、それがなかなか実現しないことを指す。高群逸枝と橋本憲三は人吉に住んだことがある。当時の事情に高田は詳しい。

道子は渡辺に重大な報告をしている。橋本憲三が水俣の道子の家を訪ねてきたのだ。

橋本憲三氏と、令妹みえられたことは心に残りました。「現代には批評というものは存在しない」とは、氏なりに実感であろうと思いました。隻眼の御老体でしたが、何とも匂やかな感じの人で不思議なくらいで、人吉ゆきの計画を話しましたら、とたんにはにかんでしまわれ、「あの時代の二人は評価以前です」としきりにおっしゃるのには、こちらがどぎまぎいたしました。「逸枝を評価して下さるというより、あなた御自身の創造のためにその事が寄与できればさいわい」とのこと、私が力まないよう、橋本家の援助に負担を感ぜぬようとの御配慮も感ぜられる御助言と思いました。資料は全面的にお渡し下さるとのこと。畠田氏といい、高田氏といい、憲三氏といい、私は幸福という観念には馴れませんが、いささかコーフクならざるをえません。はじまりもしていない仕事の上での援助者を、苦労なしに得ているのですから。すこし空オソロシイ気さえいたします。

（同、六五年一〇月二七日）

道子は具体的に書いていないが、このときの訪問で、憲三から、東京の森の家に来るよう言われたのである。森の家は逸枝の住居兼仕事場。憲三は「あなたの手紙のことを逸枝と二人で何度も話しました。水俣に行けば石牟礼さんに会える、と逸枝は言っていた。ぜひ逸枝の〝森の家〟を見てほしい。彼女の勉強した跡を、ぜひ見てほしい」と言う。

初対面の石牟礼道子の印象を死去直前の憲三が語っている（七六年五月）。聞き手は道子である。

秋晴れの日でしたね、あなたのところに行ったのは。僕は急に、これは僕の方から行った方が早いと考えて、くるりとあちら……。するとあなたが、あの古典的な家にいらしたんです。僕は似ているんでびっくりしました。全体がですね、たたずまいがですね、生活全体がですね、やはり、世の中に容れられない、下手をすれば世の中との確執に敗れてゆくひとりの女の姿を見ましたね。約婚したときの彼女とくらべたら、よほど豊富ですね。そこに時代が三十年ほど流れていたんですね。

（『道標』二〇一一年第三二号所収「橋本憲三先生談『婦人戦線』のころ」）

翌六六年六月から一一月まで、石牟礼道子は断続的に森の家に滞在することになる。「資料は全面的にお渡し下さる」というのは、逸枝伝執筆の意向を憲三が了解し、全面的に協力する姿勢を示していることを指す。道子は「海と空のあいだに」を書き始めたばかりであり、『西南役伝説』のメモを取り始めてもいる。そこに森の家行きの話。「造山運動がはじまった、私の中で。火山が噴火するような、地殻変動が起きはじめた」（石牟礼道子『最後の人　詩人高群逸枝』）と昂揚するのも当然であろう。

先に引用した道子書簡の締めくくりはいかにも道子らしい。「水俣には〝文化人〟がいないのが、なによりしあわせ。いっぱしのトカイらしいクマモトブンカカイ、気の小さい私にはクワバラです。孤立を孤立をと毎日おねんぶつのようにとなえています」というフレーズを道子は気に入ったらしく、『苦海浄土　わが水俣病』「第二章　不知火海沿岸漁民」の締めくくりに使っている。「おとなのいのち十万円／こどものいのち三万円／死者のいのちは三十万／と、わたくしはそれから念仏にかえてとなえつづける」

一〇月三一日に渡辺京二は水俣で石牟礼道子と会っている。詳細は分からないが、創刊号を持参して風土記水俣事務局を訪問したらしい。六五年一一月二日の「渡辺京二宛て石牟礼道子書簡」からそれが分かる。

おくさま、あなたのような御仕事もつ人では大へんでしょうとおもいます。くれぐれもよろしく。

昨日は大へん御苦労さまでした。まず創刊号の前途を祝しておめでとうなり云うべきでしたが、あなたのその、ホリュウのお体つきみているると、ぶったおれるんじゃないかしらん、というおもいがアタマに来ていていいそびれました。かくなる上は、もはや後にはひけないでしょうから、お覚悟めされて御身御大切になされませ。

雑誌軌道にのるまでは、私も微力をつくさしていただきます。とはいえ、かえってコンランを巻き起し御メイワクかけそうな気もします。

この時点で石牟礼は渡辺の「おくさま」、妻敦子と面識はないのだ。渡辺家の内情に想像をめぐらすような書き方をしている。渡辺の体調をしきりに気遣っている。雑誌づくりのストレスで渡辺は心身とも疲弊していた。そんなとき水俣に行ったのは、打ち合わせの必要があったからだろうが、道子と会うと蘇生するような思いがするということがある。以下、道子から渡辺への六項目のたのみごとである（一部省略）。

①事務局の有村憲二さんを、あなたお間違いなされて、二郎殿と宛名書かれたそうです。それでもとどいた由ですが、この次にはよろしく。

②水俣事ム局所在すること、一行、次号にお出しください。

③宣伝パンフ、残っていれば三十枚、お送りください。

④熊本短大　内田守、または守人というセンセイ、〝水俣病の子供達を励ます会〟というの作っており、住所はお宅付近の川向うの病院。一冊寄贈ねがえませんかしら。水俣病ルポがのっているといえば、かなりの会員が買うかもしれなく（買わないかしらん）。

⑤熊医大精神科の若いグループ、私の原稿の（一）（二）の熊医大センセイ方はこの人達で研究熱心（教授ではないモヨウ）、このグループ、買わないでしょうか（原田という人いる筈ですが、私はこの人たちには正式対面をしておらず、市役所衛生課保ケン婦ぐらいには思っているでしょう。グアイワルイですけれど、名乗り出てこのグループを取

材しておきたい必要を感じています。やっぱり近々上熊せねばなりませんね)。

⑥第二内科の徳臣助教授と病理の武内教授、この前お願いしましたが、あなたがお忙しければ、近々上熊の折、私がまわりましてもよろしい(④、⑤も)のです。

(「渡辺京二宛て石牟礼道子書簡」六五年一一月二日)

道子の手紙には、水俣病問題にかんする重要人物の名前が随所に出てくる。④の「水俣病の子供達を励ます会」は熊本短大の学生がつくる会である。学生のひとりがケースワーカーとして水俣の病院で実習する模様は土本典昭のテレビドキュメンタリー「水俣の子は生きている」(六五年)で紹介された。同会は熊本短大の卒業生を水俣の病院に送り込むなど積極的支援の構えを示したが、六八年頃から活動は休止する。

善意が途絶えた熊本短大のケースについて、水俣病を告発した環境学者の宇井純(一九三二~二〇〇六)は「当事者とまわりの人々の善意は疑うべくもないが、もともと大きな矛盾をかかえた体制の中で、その矛盾が最もきびしく現われた問題の解決を個人の努力にゆだねるのが無理なことは明白である」(『公害の政治学』)と述べている。

⑤の「原田という人」は胎児性水俣病を見出し、水俣病患者に生涯寄り添った医師の原田正純(一九三四~二〇一二)である。奇病時代から患者の診察や現地検診をおこない、検診にいつもついてくる石牟礼道子を「保健婦」と思っていた。道子の方でも「市役所衛生課保ケン婦ぐらいには思っているでしょう」と想像していたのである。

⑥の「徳臣助教授」は徳臣晴比古。熊本県・鹿児島県公害被害者認定審査会会長などを務めた。「武内教授」は武内忠男。『苦海浄土　わが水俣病』の水俣病患者の解剖のシーンに登場する。

六項目のたのみごとのあと、道子は一転して、自分のことを語り出す。渡辺を自身の懊悩を語るに足る相手と思ってのことである。そのために手紙を書いたフシもある。カタカナを多用してくだけた調子であるが、内容は切実である。

さて、私がクマモトにもどこにも出ブショウになるのは〝帰り〟というのがあるのでイヤなのです。私は一体どこへ〝帰る〟のかと、帰るところがあるのかと、ジツにヤリキレナイカンジ。

私の一生はもうとうに終りました。なんとみのりうすい時代だったことでしょうね、この昭和という年代は。

私は私自身の遺産や遺志をしょって新しく生きなおさなくちゃいかんのですよ。自分の胎内に自分がいる感じ。この子を生まなくちゃ、いけません。御苦労なもんです。

ダーキンの書簡集によれば、「ある種の蔓脚貝は自分の殻の二つの扉のなかに二つの小さなポケットがあって、その中に一疋ずつの小さな御亭主がはいっていた。それより他の両性具有の蔓脚貝は自分が両性具有であるにかかわらずなおその他に予備の小さな御亭主を、はなはだしきは七個ももっていた」そうで、逸枝さんの恋愛論の中にあります。私は予備の私自身をいく人も持っている感じ。にぎやかなことです。では。
今度、御来水の折は神の川を下って県境の海辺をおみせしましょう。
（同、六五年一一月二日）

水俣に渡辺が来るなら、今度は自分から行くとばかりに、石牟礼道子は六五年一一月、熊本市の渡辺京二の自宅を訪れ、宿泊している。当時は宿泊施設も少なく、他人を自宅に招くことは珍しくなかった。とはいうものの、夫の知人女性を、人妻を、飲食などでもてなす渡辺夫人敦子の苦労は並大抵ではなかったと想像する。

丸々二日、御厄介かけました。御健康そうで、幸福そうなおくさまをみて、心から安心いたしました。水俣で私どもがやらねばならぬ仕事まで、ダンナサマに押つけ、うけおって頂いて、それがどのようにお台所にもひびく事かと、ほそぼそとしたダンナ様をコク使していいるかと、心配でならずに上熊した訳でしたが、おくさまの顔みたトタン、恐縮は恐縮ですが、こんな方なら大丈夫だと思い、心強くおもいました。フンレイドリョクして、私も読者カクトクなどにつとめます。本当にこれからが大事業です。
（「渡辺京二・敦子宛て石牟礼道子書簡」六五年一一月一五日）

渡辺家に泊まったときの礼状である。渡辺京二一家が六五年春に東京から熊本に引き揚げてから八カ月がたとうとしている。敦子の名前もまだ知らず、「おくさま」と書いている。「フンレイドリョクして、私も読者カクトクなどにつとめます」というのは、『熊本風土記』に全面的に協力する旨を改めて表明したものだ。夫弘と長男道生との三人で暮らしている道子にとって、幼い娘ふたりがいる渡辺家は新鮮だった。長女梨佐につづいて六四年に次女千枝が生まれている。

りさちゃん、千枝ちゃん、まことに可愛いく、とても珍らしく（私はまわりの男どもとやすみなき戦斗状態にありますので）彼女達に気に入られたと思い、トテモトテモ、シアワセなひとときでした。わかれがけのりさちゃんの眸と千枝ちゃんの手首のしぎれがいいが忘られません。めざめの時の甘い幼女の声というものは天使の声ですね。女の子のいる家庭をこんなに羨しく思ったことはありませんでした。

（同、六五年一一月一五日）

『苦海浄土　わが水俣病』あとがきに「熊本風土記編集者渡辺京二氏、あつこ夫人、日本陥没紀筑豊遺跡に住む上野英信氏、晴子夫人の両家に、積年、わたくしは蒸発しにゆき、遠慮なく心の孤立と飢えを訴え、食事を乞い、この両家では、渚に打ちあげられた魚のごとく、ねむることができた」と書いてある通り、道子は渡辺家が気に入った。初宿泊のあとも頻繁に泊まっている。もちろん遠慮しながらではあるけれども。

渡辺が当時住んだ熊本市黒髪町宇留毛《うるげ》の家は、平屋が二軒くっついた長屋式借家である。二間と台所しかない。京二と敦子が六畳間で寝て、道子はふたりの娘と四畳半で寝る。幼い娘たちは道子になつき、たちまち仲良しになった。道子が泊まったときのことを長女梨佐が回想している。

その時母が出した料理をよく覚えている。それは豚肉をソテーして、ケチャップ味のソースをかけたものだった。その頃洋食は今ほど一般的ではなく、母もお客様向けのごちそうとして出したのだろう。石牟礼さんは「こんなハイカラな料理ははじめて食べました」とおっしゃった記憶がある。

（『道標』二〇一八年第六一号所収、山田梨佐「絵本の思い出」）

夕食のあと、道子は、二歳になろうとする千枝に絵本を読み聞かせた。六歳の梨佐も一緒に聴いた。絵本は『ちびくろサンボ』である。黒人の男の子サンボは森の中でトラたちに追いかけられ、身ぐるみはがされる。トラたちは戦利品を奪い合う。木の周りを追いかけあううち、ドロドロに溶けて黄金色のバターになってしまう。

石牟礼道子に幼い娘ふたりはすっかり親しんだ。ところが、ある日、梨佐は母敦子から「石牟礼さんは親戚のおばさんではない」と聞かされてとても驚いた。「ショックだったといってもいいくらいで、その時の納得できないような気分を半世紀もたった今も思い出す」（同）。梨佐の驚きはもっともである。親戚のおばさんでないなら、いったい何者なのか。渡辺京二は次のように回想している。

小学生になったばかりの長女と一緒に寝て、子守唄を唄ったりして下さった。敦子は壁ひとつ向うの隣家を気遣うのか、「海辺で育った人は声が通るのね」とそっと私に言うのだった。

（『父母の記』）

敦子の戸惑いは「海辺で育った人は声が通るのね」という皮肉めいた言葉にあらわれている。人妻を家に泊めるのは気分穏やかでなかったはずだ。のちの話になるが、渡辺と石牟礼が六〇歳代のある日、何かの用事でふたりが一緒に外出する際、「これではどっちが夫婦かわからん」と敦子が嘆いたこともあった。

渡辺の宇留毛の家は玄関の二畳が書斎である。座り机がある。大連から熊本市に引き揚げてきた直後、母かね子が息子の京二のために古道具屋で買ったものだ。のちの主著『逝きし世の面影』もこの机で書いた。

玄関の二畳の書斎。当時、渡辺家を訪れた人は、机に向かう渡辺とまず顔を合わせたわけだ。「ささやかな書斎」と私はつぶやいてみる。どこかで同じ情景を読んだことがある。ほかならぬ渡辺が書いている。

はじめて水俣の彼女の家を訪れた時、私は彼女の「書斎」なるものに深い印象を受けた。むろん、それは書斎などであるはずがなかった。畳一枚を縦に半分に切ったくらいの広さの、板敷きの出っぱりで、貧弱な書棚が窓からの光をほとんどさえぎっていた。それは、いってみれば、年端も行かぬ文章好きの少女が、家の中の使われていない片隅を、家人から許されて自分のささやかな城にしたてて心慰めている、とでもいうような風情だった。

（『苦海浄土　わが水俣病』〔講談社文庫〕解説）

渡辺は石牟礼の書斎を見たとき、もうひとりの自分を見たような親近感を覚えたのではないだろうか。だから解説で「彼女の「書斎」なるもの」に言及したのだ。道子も京二の机を見て、やはり思った通りだ、この人は、と納得したであろう。

第六章　資金難

『熊本風土記』創刊号に庶民列伝「火の国の下町女」と題し、渡辺が、福島次郎の母はつえの聞き書きをおこなっていることは既に述べた。無署名なので、筆者が渡辺だと分からない。第三号、第四号の巻頭を飾った「荒木精之におけるイデオローグの劇」に渡辺京二の署名がある。こちらこそ渡辺の本領である。

「荒木精之〜」は、第三号に二段組み九頁、第四号に二段組み八頁と、雑誌の一押しである「海と空のあいだに」とほぼ同じくらいの分量をさいている。「これを読んでほしい」という意気込みが伝わってくる。編集者が自分の原稿を巻頭に置くのは勇気がいることだと思うが、大義のためには遠慮は無用と判断したのであろう。

熊本生まれの小説家、思想家の荒木精之（一九〇七〜八一）は日大在学中から小説を書き、川端康成、横光利一、宇野浩二らと交流。帰郷後、『日本談義』刊行開始（全四六四冊）。神風連の墓探しなど右寄りの文人と目される。著書は約四〇冊。政界にも影響力を有し、熊日社長らと並ぶ「熊本三天皇」のひとりに数えられた。この場合の「天皇」は「スターリンまたはフルシチョフ以上の超ワンマン」という意味である。

荒木は、石牟礼道子『苦海浄土　わが水俣病』にも登場する。六三年暮れ、道子は橋本彦七・水俣市長に、桑原史成の写真展を開くよう申し入れる。「あんた何者かね？」「はあ、あの、主婦です。水俣病を書きよります」「キミ荒木精之を知っとるかね」「知ってます」「いや荒木君はキミを知っとるかネ」「ご存知です」「キミは荒木氏からみれば、熊本では何番目くらいの文士かね？」「文士だなんて、ぜんぜん、その……」。以上の会話につづき、「そしてあっさり断わられる。荒木精之とは熊本文壇の族長的な存在である」と書く。

渡辺京二はなぜ「荒木精之」を取り上げたのか。これまでの渡辺は、文学・思想の核心らしきものに没入することで、反権力と標榜せずとも、自然に権力的なものと距離をとってきた。それなのに、いま、なぜ「荒木精之」なのか。

その答えは「荒木精之におけるイデオローグの劇」の中にあるだろう。いきなり論じるのではない。「自分の力で熊本文壇をうばいとった」と豪語する荒木、谷川雁でさえ「われわれはまだ一人の荒木精之を持っていない」と一目おく荒木、熊本でのベレー帽流行の源流と目される荒木、県教育委員を務める荒木……。地政学的考察というべき、風説を引用する形で、荒木という存在を慎重に腑分けしてゆく。論ずるのであればまずは対象を相対化ということだ。

この論文で渡辺は、永松定の小説「孤愁」(『詩と真実』六四年二月号)に言及する。ドン荒木への対抗勢力のひとり。「孤愁」には荒木が戯画化して描かれる。「当地方の親分、不良、チンピラなどが皆が皆フルエ上るという噂さのあるサバのクサッタような眼」でぎょろりとにらみつけるという。「熊本三天皇」のひとりというのも「孤愁」からの引用だ。「孤愁」のような小説があらわれるのも、荒木が「熊本におけるひとつの文化的顔役」として受けとめられているあかしだというのである。

渡辺は次に、『神のやうな女』『誠忠神風連』『熊本県人物誌』など個別の荒木作品の批評に移る。占領軍に抗するために「尊王義勇軍」を藤崎八幡宮で結成した荒木の武勇伝については「正直なところ彼は一寸先は暗闇の思いであったろう。生きたいという意欲もなく、死ぬだけの衝迫もない。「かくなっては熊本を去ってどこかの山の中にはいってわらびでも食うことになろう」というのはこの時の彼の正直な心境であったと思われる」と書く。辛辣でありながら共感をにじませる。理想に燃えながら現実と妥協してしまう荒木をきらいでなかったのだ。

渡辺は七六年から始まった西日本新聞「西日本文学展望」で荒木の評伝『宗不旱《そうふかん》の人間像』を「不旱の個人的性癖と、今日なお光彩をはなつ孤高の詩業のからみあいを、どちらにも偏せず描きあげている」と激賞している。「天皇」として距離をおくよりも、テキストに真っ向から向かってくる渡辺を好ましいと思ったのか、晩年の荒木は「私の本をいったいだれがこれほど深切に読んでくれただろうか」と述べるなど渡辺に信頼を寄せていた。

結局、渡辺の荒木論とは何だったのか。九二歳の渡辺は「熊本でものを考えたり、文章を書いたりする人は、住んでいるのは熊本でも、日本全国、全世界を相手に、コスモポリタンであるべきだ。東京が中央、熊本が地方、という思い込みを打破せねばならない、というのが雑誌の趣旨です。地方文化人を否定する方向。だから荒木精之批判をやったわけです」と述べる。『熊本風土記』第三号の「荒木精之におけるイデオローグの劇」を読んだ石牟礼道子は早速、渡辺に感想を書き送った。

風土記第三号いただきました。ごくろうさま。全く、月刊というのは大へんですね。年末年初、わたくしは、すっかりノイローゼです。（ニンゲンキョウフ症）ちらちらと荒木精之読みつぎ今年の初わらいをばいたしおります。いかにブゼンたる心であなたがこれを書いたかと。そう思いながら、冬のさなかというのに汗をかきメマイをおこし、それでいてたのしく読めました。

（「渡辺京二宛て石牟礼道子書簡」六六年一月五日）

第三号は六六年一月発行である。「年頭にあたりワタナベさんをなぐさめばやとペンとり候へども、ジブンが不安で書いているようです」とも記している。「今夜から水俣病、手を入れます。あと五日かかります。すみません。うらめしい正月。息子、大学ゆくかそれとも就職するまで（あと一年半）主婦であることやめられず。それ以後勉強に不都合あればリコンせん方なし」と剣呑なことを書いている。

「水俣病」すなわち「海と空のあいだに」は綱渡りの連載だった。「今夜」から手を入れるという原稿は六六年二月発行の第四号に載っている「海と空のあいだに」（第四回「昭和三十四年十一月二日のこと」）だろう。「あと五日かかります」ということは、一月末の校了まで余裕はない。第四回は五九年の漁民による水俣工場襲撃事件を描いたものである。のんびりとした手紙との落差に戸惑う。

原稿拝受。この章のタイトル、何とつけましょうか。お知らせ下さい。写真は「水俣病」の第一頁のものを使おうと思いますが、よいでしょうか。

道生君には一泊してもらいたかったのですが、友達が早く帰りたがっておられて残念でした。二月号早く出そうと思いながらおくれてしまいました。二月号はどうしても出すつもり。今度いただいた分は三月号にのせるつもりです。では又。


（「石牟礼道子宛て渡辺京二書簡」日付け不明）


「原稿拝受」とあるのは第四回の原稿を受けとったということ。未決定であったタイトルは「昭和三十四年十一月二日のこと」になった。「水俣病」は桑原史成の写真集『水俣病』（三一書房、六五年）を指す。「海と空のあいだに」第四回には胎児性患者の少年の写真が載っている。「第一頁」でなくて第四頁からの転載である。

「海と空のあいだに」の連載中、桑原の『水俣病』の写真を三回使っている。道子は桑原から掲載の許可をとったのであろう。仮に許可をとっていなかったとしても、著作権がいまほど重要視されていなかった時代である。桑原への謝礼はなかった。そもそも「海と空のあいだに」への原稿料もないのである。

「道生君」は石牟礼の長男道生。渡辺とは六五年の晩夏以来の顔なじみだ。当時、高校二年生。友人とともに渡辺を訪ねたらしい。「今度いただいた分は三月号にのせるつもりです」とあるが、次号の三月号（第五号）は三月には出ず、四月に出た。石牟礼原稿は二月発行の第四号に載っている。三月号（第五号）は休載しそうなので早めたのだろう。
一月一七日には道子は「原稿訂正書き入れ、まことに御迷惑ですが間に合えばおねがいしたく、ほんとにすみませんがおねがい申上げます（市会議員氏きき書、終りの方です）」と書き送っている。六六年四月発行の第五号は「海と空のあいだに」と護田実「伏流」の二大連載が休載である。定期執筆者にそろそろ疲れが見える。『熊本風土記』は資金難に陥りつつあった。渡辺は窮状を訴える。

三月号を休刊せねばならなかったことをまずおわびせねばならない。印刷所の都合で印刷がおくれたことがひとつの理由、第二には創刊以来累積してきたお金の面の無理がいよいよ顕在化したためである。第一の理由は四月以降解消するはずであるし、第二の困難も終局的にはきりぬけられよう。五号あたりで資金ぐりが底をつくことは当初からわかっていたことであった。読者を拡大することできりぬけるつもりだったが、努力不足で拡大がひとテンポおくれたわけである。あと二百人固定読者を確保すれば本誌の発行は盤石の上におかれる。
（『熊本風土記』六六年四月、第五号、編集後記）

第五号には「誌代納入（前納）についてのお願い」というB４の紙が封入されている。編集後記とほぼ同じ内容である。「現在のところ固定読者は六百たらずで、収支が一応ととのうにはあと二百の読者を要します。創刊五号にしてこれだけの読者をえたことは拙誌の将来性をあかしていると思いますが、目下は金繰りに必死の状態です。（中略）経済的基礎をたえずおびやかされねばならない拙誌にとって、皆さんの誌代納入が唯一のたよりであることを申し上げ、未納の方には完納を、四月号まで完納の方は一年ないし三ヶ月間ていどの前納を切におねがい申し上げる次第です」というのである。

第五号にはＢ４のアンケートも同封している。『熊本風土記』への意見、感想、寄稿するとしたら何を書きたいか、などを尋ねている。読者拡張に役立てるつもりではあるが、渡辺としては読者のナマの声を聞きたかったのであろう。しかし、アンケートへの反応はかんばしくなかった。「四月号に封入したアンケートがまだ八通しかかえって来ない。五百通出してこの有様。読者と心のかよった関係をうちたてるということがどんなに困難か痛感させられた」（『熊本風土記』六六年六月、第七号、編集後記）

「赤字というわけでもないんですけど、食い扶持が出ないんだな。もともと食うために始めた雑誌ですから、困ったね」と九二歳の渡辺は回顧する。資金難は道子も気にしていて、励ますように時折カンパをしている。もとより焼け石に水ではあるが。

現代の記録、引きついで頂く引きうけ代に、うらさびしい金額ですけれど、家計外のモノをお送りいたします。私の文筆労働によったものですので、御心配なく。編集権をお渡ししたのですから資金もおゆずりするのは当然でお笑いぐさのキンガク。間違ってもオサイ銭にお礼などいわないで下さい。タクシー代にもならんでしょうが（これでカンシンにチョキンなるモノをまだ外にもしているのですよ。余力アリ。安心乞う）。そのうち大金が入ったら寄付いたします。シンケンにおもっているのです。

（「渡辺京二宛て石牟礼道子書簡」六五年一一月一五日）

この手紙を読む限り、道子は、『熊本風土記』は彼女が以前出した『現代の記録』の後継誌だと思っている。道子から見たらそうかもしれないが、渡辺にとっては両雑誌のつながりはない。彼女の好意を無にしたくなく、あえて異をとなえないのであろう。資金難の原因のひとつとして、雑誌代金の回収がうまくいっていないということがあるようだ。道子書簡が回収の悪戦苦闘ぶりを伝える。

水俣のナマケモノのアンチャン達の間をトクセン隊よろしくアジりまわっておりますが、ヒソウともコッケイともつかぬ毎日ですが、本は大方出ましたが、代金集約は十二月はじめになりそうです。とにかく三ケタばかりテンポがおそいので、スミマセン。主要なポイントには大体手を打ちましたので、あと追加が二〇か三〇要るかもしれません。

（同、六五年一一月二五日）

「谷川雁がガンで余命いくばくもない」というウワサがこの頃から道子の耳に入っている。渡辺宛て書簡でも何度か言及している。

昨七日、谷川の御両親来水され、おめにかかりました。中山さんというひとがあなたの事を話された由。風土記のことを報告する形で、雁さんの近況すこし、御両親に。赤崎さんとふたりで報告。雁氏、肝ゾウガンかもしれぬことは話しませんでした。雁さんから生活内容を聞かせてもらえない不安やさびしさにたえていられる御様子でした。

（同、六五年一一月九日）

さて雁の肝ゾウガンのこと、どうも本当のようだと私は覚悟しています。〝大正でのたたかい〟が始まったときから、彼の確実な死がはじまっていました。それをみていることは、私にとっては、生きながら解脱しなければならないことです。

。角裂けしけものうつむく地平まで

などという雁をみるのにたえねばならないのですよ。ひそかにたわむれて私は、「角裂けしけものあゆみくるみづおちを」とものしました。これは秘句であり、禁句です。

熊本風土記、雁の死を、予測せねばならないでしょう。当然のことです。なんと陽気のよい世紀末ではありませんか。渡辺さん、しっかりいたしましょう。

（同、六五年一一月一五日）

「角裂けしけものあゆみくるみづおちを」という句は、不治の病を腹《みづおち》に宿した雁が念頭にあるのだ。しかし、「谷川雁がガン」というウワサは事実ではなかった。

この前、雁のことあんな風に書きはずかしいです。死に至る病とやらに緩急の差はあれお互いかかっているのですから。彼はデモ屋ですから、ひっかかったかなとも思い、どっちみち、うらさびしいことです。

（同、六六年三月二七日）

「デモ屋」「ひっかかったかな」という文言をみると、道子は、谷川雁にしてやられたという感じを抱いている。策士の雁は、みずからが癌というウワサを意図的に流し、周囲の反応を観察したのだろう。はしゃぎ気味だった道子は恥をかいたわけである。親しい人をだます心根が「うらさびしい」し、騒いでしまう自分も「うらさびしい」のだ。

『熊本風土記』六六年五月の第六号から発行所が「新文化集団」から「熊本風土記発行所」に変更になった。それまでは新文化集団の機関誌という建前だった。名称は変わっても発行所は渡辺の自宅なので本質的には何も変わらない。

六六年になった。石牟礼道子は「海と空のあいだに」を書きあぐねていた。

あれから逸枝さんの「女性の歴史」の中にのめりこんでいて容易にはなれられず、水俣病まだです。今日から大車輪ではじめます。原稿用紙に体がくっつかない苦しみを味っています。

（同、六六年二月二日）

水俣病、自分の方法論の手軽さに気づきました。もっと念を入れて書きます。月末には間違いなく送ります。

（同、六六年三月一八日）

風土記および御生活の方の金ぐりは如何になっているかと毎日気がかりで、何の御協力も出来ないことは無念でなりません。今夜から万ナンを排し水俣病とりかかり、それを持って十七日か十八日上熊のヨテイです。二泊させては下さいませんか。そちらで原コウをととのえたく草稿書いて参ります。それからタイザイヒ、タップリ持ってゆきますので、アッ子夫人、お台所、御心配なきよう、宿泊のことおねがいして下さいませ。

（同、六六年四月一三日）

六六年二月の第四号以後、「海と空のあいだに」の休載がつづいており、「月末には間違いなく送ります」という約束も果たすことができなかったようだ。六六年三月は『熊本風土記』自体が出なかった。

『熊本風土記』六六年六月の第七号に「海と空のあいだに」が四カ月ぶりに載った。連載第五回目である。「坂上ゆきのきき書より」というタイトルがつき、六六年七月の第八号の「坂上ゆきのきき書より（承前）」と合わせて、『苦海浄土　わが水俣病』の「第三章　ゆき女きき書」となる部分だ。
第七号、第八号は、女性患者の語りが圧巻である。老年の男性患者を目前にして「わたくしは自分が人間であることの嫌悪感に、耐えがたかった。釜鶴松のかなしげな山羊のような、魚のような瞳と流木じみた姿態と、決して往生できない魂魄《こんぱく》は、この日から全部わたくしの中に移り住んだ」といううくだりがある。『苦海浄土』の核心部分としてよく引用される個所だ。長い休載は文章の熟成に役立ったようである。

さきほど送りました原稿の中に、半ばか後半あたり、「――あんた、おくさんじゃろ？笑いなはんなよ。うちの手はぢいちゃんの大事なムスコば握ることができんとばい――」という記述、いささか面映ゆく、入れたがよかったか、フォントウではなかったか（文章がそこでちょっと下がる訳ですけれど、――事実はもっとねじれているのですけれど――）気になっています。よい表現も考えつかないままましきりに気になっています。サクジョしたがいいでしょうか。おまかせします。（同、六六年六月一八日）

第七号用の原稿を渡辺に送ってから、不穏当の表現だと気づいたのだ。あわてて渡辺に手紙を出したのであるが、渡辺は許容範囲だと判断したか、それとも校了を過ぎていて間に合わなかったのか、道子が問題にした部分は『熊本風土記』にそのまま載った。しかし、「あんた、おくさんじゃろ？　笑いなはんなよ」の部分は単行本化の段階で削除された。「おくさん」という言葉がないだけで卑猥さはぐっと薄まる。

六六年七月三日、渡辺に道子からハガキが来た。東京の、高群逸枝の仕事場兼住居だった「森の家」からである。「出京前、私の宅には例の自殺志望の友人がころがりこんできて、水俣病おくれています。まことに申しわけありませんが、あと三・四日、お待ちいただけませんか」という。東京に行くのに、原稿も書かねばならない。「自殺志望の友人」からも目が離せない。以後、しばらくは「森の家」が道子の居場所になる。

第七章　森の家

石牟礼道子は、六六年六月二九日から七月一一日まで、九月二五日から一一月二四日まで、合計二カ月余り、東京・世田谷の橋本憲三宅（森の家）に滞在した。かねて念願の高群逸枝伝を書くためである。『熊本風土記』連載中の「海と空のあいだに」も下書きはあるが、仕上げが必要だ。老年に至った道子は次のように回想している。

水俣を取るか、高群ご夫妻を取るかという決断と覚悟を迫られながらも、どうしようもない何かの力に背中を押されて書いていた。水俣のことも、高群ご夫妻のことも、一本の大綱を寄り合わせるかのごとき質の仕事であった。二本の荒縄をよじり合わせて一本の綱を作る。人間いかに生きるべきかというテーマを、二つの事柄は呼びかけていた。

（石牟礼道子『葭の渚』）

発端は道子が六四年に逸枝に書いた手紙である。亡くなる二カ月前、逸枝は手紙を読み、「石牟礼さん、どんな人なのか会いたい」と言った。六五年秋、逸枝の夫の憲三が水俣を訪ねてきた。「逸枝の勉強した跡をぜひ見てほしい」と道子に言う。

高群逸枝は熊本県豊川村（現・宇城《うき》市）生まれ。二〇年に上京して平塚らいてうらの婦人解放運動に参加。三七歳の夏から森の家にこもり、女性史の研究・執筆に没入した。

橋本憲三は水俣市生まれ。逸枝と結婚後、『高群逸枝全集』一〇巻などの「専属編集者」として執筆や研究を補佐した。逸枝の死後、水俣に帰郷し、六八年に『高群逸枝雑誌』を創刊した。

道子は創刊号から逸枝の評伝『最後の人』を連載し、七六年まで一八回つづけた。森の家行きの半年以上も前から、道子の心の大半を森の家が占めていたようである。渡辺京二宛ての手紙に東京行きへの期待と不安がにじみ出ている。

東京に行くと云っても、化物屋敷と云われている由の高群家と彼女と親交のあった平塚雷鳥さん、野上八重子さん、軽部オナミさんに用事あるのみにて（らいてう氏を本質的に理解したのは逸枝さん一人だと思います）、それから「野良に叫ぶ」の渋谷定輔氏が高群夫妻をよく御存じなので（資料送っていただいているので）、そのような方々におめにかかりたいばかりに参ります。それも勉強して参りませんとお話うかがえませんし、雷鳥さんもお年ですから心配でもありますし、なにしろ毎日大へん大へんと思っております。

水俣病、本にしたらいくらかお金はいるか、または小学館からジュニア小説たのまれていて、お受けしないで来たので、書けばお金になるでしょうし、あまりその点心配しないでおります。それとも風土記に〝わたくしこのたび東京大旅行〟の広告を出し、餞別の公募をいたしましょうか。わたくしにとっては宇宙旅行に匹てきいたす大ボーケン旅行ですから（アソ山にも行ったことないのですから。水俣から大正炭坑に行ったのが〝ひっ生〟の大旅行ですから）。

（「渡辺京二宛て石牟礼道子書簡」六五年一一月一五日）

森の家は二〇〇坪の洋館。クヌギやクリ、スギなどが家の周りに茂り、「化物屋敷」と言われていたようである。実際、道子は森の家で暮らし始めた一〇月三日、「オバチャンち、こわいね」と五、六歳の少年ふたりに話しかけられている。同五日には配達の米屋から「化物屋敷と聞いていましたがねえ、いやはや、大へんなところですねえ。あんた近頃来たお手伝いさん？」と言われている。植生でふさがれた道を切り開くためノコギリで奮闘する道子なのだ。

渋谷定輔（一九〇五～八九）は詩人、農民運動家。『野良に叫ぶ』は一九二六年刊。

「水俣から大正炭坑」というのは筑豊の大正炭坑の争議にかんして大正行動隊を組織した谷川雁の支援に行ったことを指す。「小学館からジュニア小説」というのは、道子は一九六一年に小学館『女学生の友』に八頁の水俣病ルポ「水俣病　そのわざわいに泣く少女たち」を書いたことがあり、その縁でジュニア小説の依頼が来たのだろう。結局、ジュニア小説は書いていない。「水俣病、本にしたらいくらかお金はいるか」の文言からは、「海と空のあいだに」の単行本化への期待半分、不安半分といった微妙な気持ちがうかがえる。『サークル村』や『熊本風土記』など原稿料ゼロの世界になじんでいるので、商業出版がいかなるものかイメージできないのだ。ただ、長いあいだ、貧乏してきたので、こんどはおカネにしたいとの思いは切なるものがあった。渡辺京二には本音を吐露している。

今までビンボウしたのですから、今少し自重して、岩波か筑摩に、書きあげさえしたら持ちこんでみるつもりです。断られたらその時で。公害問題には今非常に厚い関心層があり、そのような層にぐさりと刺さる作品（局部的にそのような層にむけて書いているつもりはありませんが）になりえたら、また出版社に見識があれば、正しいルートを待って出版したい。あまり事前運動はやりたくないのです。なにより、おカネが確実に入るところを選びたい（印税不払いなど困るのです）。というので、右の私の分析です（理論社、現代思潮社、あるいは未來社などは、印税不払いのシンパイあり）。（同、六六年一〇月三一日）

水俣の家庭の主婦が東京に長期滞在というのは常識外れのことなのだ。石牟礼道子は六六年六月二八日、水俣市の橋本憲三の実家を訪ねた。道子の夫弘も同行。憲三と弘を会わせることで、森の家行きを弘に納得させることができた。

翌二九日、道子は憲三とともに夜汽車に乗った。お尻が痛くて寒い。三〇日、東京に着いた。「なんだか妙なところだ。建物だけバカでかく、無数の窓。見ようによってはこの雑然たるところが美観と見えなくもないのだろう」と日記に書いた。

森の家に入る。「壁面という壁面は天井までぎっしり、書籍で埋められていた。木製の本棚はすべて憲三先生の手づくりで、釘《くぎ》を使わず、書籍の大小に応じて棚はさしかえられるように出来ていた。「大工さんには任せられないのです。研究内容が分りませんから。釘一本使ってないのですよ。本棚は随時、書籍別に仕分け替えますのでね。よく出来ているでしょう。彼女はここに座って、本たちと呼吸しあっていたんだがなあ」（石牟礼道子「ご命日」）

七月三日、憲三からノートの許しが出た。逸枝のこと、受難する歴代の女性のことを書きたいのである。決意のほどを道子は憲三の妹静子への手紙で披瀝《ひれき》している。「逸枝先生との出遭いによって私はのっぴきならぬ後半生へと復活させられたといえましょう。うつし世に私を生み落した母はおりましても、天来の孤児を自覚しております私には実体であり認識である母、母たち、妣たちに遭うことが絶対に必要でした。それは閉鎖され続けてきた私の中の女――母性――永遠、愛の系譜にたどりつくことですから、つまり普遍を自分の実体として人類につながりたいという止みがたい願望に他なりません」

七月五日、逸枝の遺品の帽子とオーバーを憲三が着てみよ、と言う。鏡の前に立つ。憲三は「よく似ている」と言う。「感動」と道子は日記に書いた。同日、道子は渡辺京二に手紙を書いた。森の家での暮らしを伝える。

毎日結晶度の高い心理で、愛惜やみがたい気持で〝森の研究所〟におらせていただいています（ここは都で買いあげる予算が確定したそうです。児童公園に。従って建物は解体されるそうで、まことに私はきわどい時に来ました）。

もう赤ちゃんが生れた頃ですね。一だんと大へんのこととおもいます。アッコさまをお見舞したい気持でいっぱいです。くれぐれ御大切に、そしてよろしくおつたえのほどを。

今度は枚数少いのですが東京ゆきがばたばたにきまったので、間に例の椿事はさまり、おゆるし下さいませ、あと四、五日して帰水のヨテイです。続稿は帰ってすぐ集中的精力的にとりかかります。風土記はどうかして続けさせたいものだ、荒木精之論は筋がとおって大へんよかったですね、と憲三氏がいわれました。私は憲三氏の中にすぐれた企画者、編集者をみます。それは逸枝さんの意志との絶妙な相対関係でできあがるのですけれど。お話したいことは山ほどありますが、すべて今後の仕事の中にそれは盛りこんでゆきたいと思います。


（同、六六年七月五日）


「森の家」の都への売却計画を報告している。森の家は取り壊され、この年一二月には児童遊園地になる。道子が言うように「きわどい時」だったのである。

「赤ちゃん」とは七月一五日に誕生する長男類のこと。「あと四、五日して帰水のヨテイ」とは意外である。ずっと森の家にいるのかと思いきや、まずは様子を見に来たのだ。「海と空のあいだに」はしばらく書くのを休んでいたようである。初めての東京、初めての森の家、ということで原稿ははかどらなかった。荒木精之論は憲三を喜ばせた。

七月九日、道子は憲三とともに平塚らいてうに会いに行っている。和服のらいてうは「後姿の立居のとびぬけて優雅な人」だった。らいてうは憲三に「全集が軌道にのって、ほんとうにお疲れでございます。かげながら御完成をお祈りしております」と言った。橋本憲三編『高群逸枝全集』（全一〇巻、理論社）は六六年に刊行が始まり、六七年に完結した。

七月一二日、道子は熊本に戻ってきた。東京の印象が刻まれた道子の目には肥後平野が新鮮に映った。「森蔭に点在する家々のつつましさ。ここに住み継ぎ生き替り生き替りしてきた人々よ」と日記に書いた。

昨日、帰水いたしました。このたびは第一回目で、秋口にもう一度、さらにあの家がすっかり売り渡される前に一度、と考えております。

ふたつほど具体的な収穫をえました。そのひとつ。桑原さんに〝森の家〟をサツエイしていただいたことです。韓国をテーマにした彼の作品の、近代写真家協会賞をめぐって彼氏、つくづくカメラマンであることがイヤになった事件あり、その時期に私が写真によるイツエ集を持ちこんだのは、時期的にもタイミングがよかったらしく、私にとってはなおさらに色々なイミでありがたくてなりません。桑原氏、自分のテーマとしてあたためている気配あり（全集揃えると云っていました）。どのような作品となってあらわれるかたのしみです。

（同、六六年七月一六日）

水俣に戻った道子は、桑原史成（一九三六年生まれ）に森の家を撮影してもらったことを渡辺に報告している。桑原は報道写真家。六〇年に水俣市立病院の水俣病専用病棟で水俣病患者を取材、のちに胎児性と診定される未認定の乳児や母らを撮影。六五年には初の水俣病写真集を刊行している。水俣で桑原と知り合った道子は、東京在住の桑原に森の家撮影を持ちかけたのである。

道子の日記によると、桑原の森の家撮影は七月八日と同一〇日。書庫、階段、書斎、衣類など遺品、ベッドに腰掛けた憲三などを撮っている。いまはなき森の家。桑原の写真は貴重な資料となるが、発表はしていない。道子の仕事場で桑原と面識のあった私は二〇二二年九月九日、桑原にメールを送った。「石牟礼道子さんの文章によると、桑原さんは、東京の高群逸枝さんの家「森の家」を撮影なさっています。たいへん貴重なお仕事と存じます。そのときの写真は、けっきょく、どうなったのですか。写真集などにまとめられていますか？　むかしから気になっていましたが、おうかがいする機会がありませんでした。おしえていただけたらありがたいです」という文面である。

桑原からすぐ返事が来た。「お尋ねの件、世田谷区で石牟礼道子さんとお会いし、橋本家でスナップ撮影しました。一九七〇年代のいつ頃だったのですかね。それらのフィルムは、「水俣」撮影の一連のフィルムケース（箱）の中には入れていません。そこで別の未整理の「その他」のフィルム収納箱を探してみます。いましばらくお待ち下さい」

私は「石牟礼さんの日記によると、撮影は一九六六年七月です。五六年前です。フィルムが見つかればよいですね。もし発見したらおしえてくださいませ」と重ねて頼んだ。桑原から「石牟礼道子さんが上京されたのは、一九六六年七月との事、有難うございます。その時に撮影したフィルムを探します。お待ち下さい」と返事が来た。これが二〇二二年九月一三日のことだ。以後、桑原から連絡はない。もしネガが残っていたら、森の家の姿を伝える唯一無二の資料となる。

桑原は写真を撮るだけでなく道子に重要な情報を提供している。先の「渡辺京二宛て石牟礼道子書簡」で「ふたつほど具体的な収穫をえました」と書いているが、ひとつは桑原による森の家撮影であった。もうひとつは何か。

つぎのひとつ。彼を含む技術史研究会のシンポジュウム（ちょうど水俣病をテーマにしていた）によばれてゆき、風土記をつぶさないでほしいといわれ、研究会で風土記購読の申し込みをうけました。メンバアは十五人位いるとのことですが、このメンバアの最近の業績、岩波の「科学」に発表とのこと。十月号のヨテイ。

もう一冊、メンバアのリーダー格らしい宇井純（富田八郎）氏へお願いします。私の上京と入れちがいに購読申込みを書きとめて来ていましたので、そちらへまわします。◎千四五〇円也（この人には創刊号から一月号をぬいて送ってあります。この人物ぬらりくらりとしていて水俣で一度、雁氏にからまれたことあり。文章は御本人のおっしゃるとおりいささか冗長ですが、こんどのシンポジュウムをきいてみると、仲々きかせる講義をやります。一月号そちらにありましたらウイ氏に送って下さい）。

（同、六六年七月一六日）

桑原の紹介で現代技術史研究会をのぞき、六二年頃に水俣で知り合った宇井純と再会したことが記される。「風土記をつぶさないでほしい」と言われたということは、東京の宇井にも『熊本風土記』は危なっかしく見えたのか。

環境学者で公害問題研究家の宇井は東大大学院を出て、東大都市工学科（衛生工学コース）の助手（実験担当）を務めていた。水俣で桑原と知り合い、六四年三月にはふたりで愛媛県大洲《おおず》市に行き、元チッソ付属病院院長の細川一を訪問。細川からネコ四〇〇号の実験結果を知らされている。チッソは患者に見舞金契約を強いた五九年の時点で工場廃水が水俣病の原因だと知っていた。

なおこの人バクテリアを養って、それに水銀を食わせてみたりしているので、それに少なからぬキョウミをおぼえた私はアメーバや釣鐘虫諸君に逢いたさにこの人の研究室のケンビキョウをのぞかせてもらい微視的宇宙をのぞきみてビックリ仰天、大マンエツでした。桑原さんソバでニコニコすること。

なお私の「空と海」の中に東大都市工学衛生工学教室をそう入せねば（アメーバ氏など）ならぬ必要を感じてきました。つまりこの技術研のうごきです。熊大入鹿山氏などこの角度からお料理した方がおもしろそうです。

（同、六六年七月一六日）

「空と海」とはむろん「海と空のあいだに」のこと。宇井の実験を作品に盛り込もうというのである。バクテリアやアメーバに水俣病につながる何かを感じたのだろう。「熊大入鹿山氏」は熊本大教授の入鹿山且朗（一九〇六〜七七）。水俣病の原因物質特定に貢献した。

近く、水俣病研究の基礎的データを作りあげたもと日窒付ゾク病院院長細川一氏（愛媛県大洲）をたずねるにあたり、風土記持参いたしたく、（この方もきっと購読者になります）愛媛県にゆく途中、熊本にも寄るヨテイです。七回目原稿をすましてからと思っています。が、七回目日本月末ギリギリでよろしければ、その前にと思っていますが、至急御返事下さい。六月号の討論会、発言の内容が、少しハガユイ気もしますが、的を探そうという意欲みえ、力がこもっていました。編集後記とても気持よくよめました。

（同、六六年七月一六日）

細川一を近く道子も訪問する予定であるという。「六月号の討論会」とあるのは、熊日記者の久野啓介、新文化集団の高浜幸敏ら五氏が参加した「危機の中の地方文化」を指す。光岡明から文化欄を引きついだ久野を中心に熊本の文化再検討を試みたものだ。

当該号編集後記には「この雑誌を絶対つぶすことのないようにという激励を幾人もの方からいただいた。われわれはいかなる大義名分の旗をも『風土記』の上に掲げない。したがって寄せられた好意と期待はわれわれにとって純粋な負債である。『風土記』を続け通すことでかならずこの負債にむくいることをお約束する」とある。「とても気持よくよめました」というのはこの部分だろう。水俣病闘争の劈頭《へきとう》を飾るチッソ正門前座り込みを呼びかけるビラで渡辺は「血債」という言葉を用いるが、ここでは「負債」である。

「七回目原稿」とは六六年八月発行の第九号掲載分である。『苦海浄土　わが水俣病』「第四章天の魚」の前半に相当する。道子が胎児性患者の杢太郎少年の家をたずね、杢太郎の祖父の海の愉楽の語りへとつづく。「七回目日本月末ギリギリでよろしければ」と道子は言っていたが、ギリギリ間に合ったのである。

手紙には二〇〇〇円を封入している。宇井の購読代金と道子のカンパである。

東京から戻ってからの石牟礼は書けない状態がつづいた。

すみません　原稿二、三日待って下さい。ぜんぜん書かなかったのです。出来たらもってゆきます。東京から帰ってからとたんにずっしりとからだが重くなりノイローゼで寝てました。ずっと熱もあるのです。あなたが四苦八苦していらっしゃるのになんとも申しわけありません。

（同、六六年八月三日）

水俣病早くオカネになるよう書き急いで風土記の土台を固めなければと、今、駅のベンチで考えているところです（笑ワナイデください）。

（同、六六年八月一三日）

「二、三日待って下さい」という原稿とは、「海と空のあいだに」八回目である。八回目は六六年一一月発行の第一一号に載っている。六六年九・一〇月合併号の第一〇号には間に合わなかった。「海と空のあいだに」は結果的に二カ月のブランクができた。
六六年八月一九日、渡辺京二、敦子夫妻宛てに道子のハガキが来た。四国・八幡浜の消印がある。七月一六日の書簡で述べていた通り、細川一を訪問したのだ。熊本へ帰る途中、別府丸に乗ったときに出したハガキである。

船の中はめずらしくして実におもしろい光景があちこちに展カイしています。ここは二等船室、実は一番、船の底らしいです。一番上に一等船室の個室みつけ、のぞいたら一等と特等以外の者は廊下も通るなという立札あり、ケチな宇和島運輸なり。私のまわりはみんな魚をならべたようにねています（毛布代二〇円とりに来た）。帰途、武内、徳臣先生にもう一度お話うかがいたいこと出てきました。英国の有機水銀中毒を発見された日のことについて。

英国の農薬工場の労働者が有機水銀蒸気を吸い込み、四人が重度の中毒になった。熊大の武内忠男教授らは英国人の論文の症状が水俣病と一致することに気づき、水俣病の原因物質が有機水銀だと判明するきっかけとなった。道子は細川から論文の話を聞き、詳しく知りたいと思ったのだろう。
石牟礼道子は六六年九月二四日、ふたたび森の家に行くため、寝台特急列車「はやぶさ」で熊本を出発した。所要時間は約一九時間。道子は、車内でハガキ三枚に便りを書いて渡辺京二に送っている。

十五日に憲三氏上京、そのとき御風邪のきみだったのが、二十二日にこちらについた着京だよりに、水俣からの風邪を持ちこし、送った荷物もとどかず、食物もなく寝ているとあるので、ぎょっとして橋本家にかけこみましたら、静子さんが、兄貴のはいつものくせの不定愁訴だから案ずるに及ばぬとおっしゃったので、少し安心。それで二十八日ごろ上京のつもりで、カケヒキを駅員さんに云って二十四日の切符を二十三日に申込みましたら、近頃のハヤブサ空いてる由で、なんと二十四日の切符がとれてしまい、昨日大ソウドウのテツヤをして上京準ビ、今、弘センセイと飯尾さんをはらはら世話やかせて荷物もどきに汽車に乗せられたところです。

（「渡辺京二宛て石牟礼道子書簡」六六年九月二六日）

「弘センセイ」は道子の夫の石牟礼弘。「飯尾さん」は水俣における道子の知り合いの飯尾都子。ポーラ化粧品のセールスの仕事をしている。『熊本風土記』の集金の相談ができる道子のかけがえのない友である。

赤崎さん、雁さんに逢ってきて元気が出ていたようでした。彼なりに風土記はなんとかせにゃならんと思っており、渡辺さんは雁さんに何も云うとらっさんじゃったばい、と云い、いろいろ現状を話して来た、と云っていました。それで私にも雁さんに逢いもっと話して来てくれといいました。それはとにかく今日、飯尾さんと弘先生と打合せながら方々へデンワ攻撃。なんとか月曜、火曜にかけて少しお送りすることができるでしょう。

（同、六六年九月二六日）

「赤崎さん」は『苦海浄土　わが水俣病』の蓬氏のモデルの赤崎覚。「サークル村」時代から谷川雁と交流がある。雁は赤崎の飾らぬ人柄に好感をもっていた。赤崎は東京に行って雁と会ってきたのである。「飯尾さんと弘先生と打合せながら方々へデンワ攻撃」というのは、『熊本風土記』の代金集金のため本腰を入れ始めたことを指す。黙っていると集まらないので催促することとした。

熊本に一晩下りて畠田さんともお話できれば、とそのつもりでしたのに、そそっかしい切符の買い方をして、大津まできたら汽車がストップ。二十六号台風のため。京都にひき返し新幹線こだまに乗りかえ、それから着駅ごとにおくれおくれて憲三氏にもう二辺デンポウの打ちなおし。こんなことならゆっくり熊本に泊れましたのに（七時間おくれて着京ヨテイ）。東京からも水俣への手を打つつもりです。雁さんにも逢うつもりです。

畠田さんにも手紙書きますが、今度も順調に東京にゆけますことを畠田さんに感謝しているとお伝え下さい。今度はなるだけがんばり長くいるつもりです。あつ子さまによろしく申上げます。今熱海です。

（同、六六年九月二六日）

「畠田さん」は畠田真一。『熊本年鑑』編集者。渡辺や石牟礼と親しく、『熊本風土記』にも創刊号から随筆などを寄稿。出版の世界に明るく、著書刊行を目指す道子の相談相手になった。二四日のハヤブサに乗ったものの、台風の影響で東京到着がずいぶん遅れた。東京で待っている憲三に「デンポウの打ちなおし」をおこなわねばならず、疲弊する東京行きだったようだ。

一〇月二日、古書店の経営者が森の家を訪ねてきた。森の家は公園になるので、逸枝が大切にしていた本を売り払うのである。古書店と橋本憲三が話し合うあいだ、道子は二階の化粧室に退避していた。いやな話は聞きたくないのである。「落ちつかぬ気持。原稿うわの空、本をトラックで持ってゆくといった由。先生キツイとおっしゃる。道子もめいる」と日記に書いた。

森の家の一室をあたえられて、わたしは『苦海浄土』の〝海石《うみいし》〟の一節を執筆しつつあった。出来上がったものを読んでいただき、批評をうかがったのち、世田谷桜四丁目の郵便局から、『熊本風土記』の編集者に送っていたのである。

（石牟礼道子「『最後の人　詩人高群逸枝』覚え書」）

「『苦海浄土』の〝海石〟の一節」とは「海と空のあいだに」八回目の原稿のことである。「読んでいただき」というのは憲三の批評を仰いだという意味である。道子は一〇月一三日の日記に「「水俣病」八回できあがり」と記し、「一五日夕、水俣病発送」と渡辺に郵送した。原稿に添えた手紙は以下の通りである。

お便りありがとうございました。リサちゃんのおケガまったく渡辺さんも大へんでわたくしは云うべき言葉もありません。あつこさんにくれぐれよろしく申上げて下さい。水俣にいれば飛んでおみまいにゆくところですが——。

雁さんにちょっとこの前逢いました。あなたのことに話題および雁さん沈思していました。こんどは雁さんを頼る形でないので（わたくしが——）フクザツな反応でした。

或る日は都内に出て迷い子になったり、結局帰りつきますが、或る日は食事の支度を忘れたり、散々御迷惑かけながらそれでも我がままを許されて、一生けんめい勉強しています。水俣病をやるについても日本資本主義——産業発達史——をやらねばならぬところに来て苦しみ、その方の資料あつめには技術史研の人々の世話になってかきあつめ中です。このグループによる岩波の『科学』十月号に水俣病関係が出ました（武谷三男より星野ヨシロウという人に近いグループだそうです）。

もすこしがんばって東京にいるつもりです。憲三氏の言葉をききとっておくことだけでも時間が足りなく、破れズボンに先生の下駄をひっかけて近所の八百屋に走ってゆくような日々です。

（「渡辺京二宛て石牟礼道子書簡」六六年一〇月一五日）

「リサちゃん」は渡辺の長女梨佐。彼女がけがをしたのを聞きつけてのお見舞いである。谷川雁は、渡辺と石牟礼のアニキのような存在であり、「サークル村」や「新文化集団」など、渡辺も石牟礼も雁が導くかたちで活動を重ねてきた。今回は雁が関知しないまま渡辺と石牟礼が協同している。それゆえ「フクザツな反応」になる。

武谷三男は理論物理学者。武谷の「農薬に限らず、薬物を使うときには、無害が証明されない限り使ってはいけないというのが基本原則であって、逆に有害が証明されない限り使ってよいというのは非常に困る」という「安全性の考え方」は水俣病闘争のときの原告弁護団の過失論の基礎となった。六六年の段階で既に石牟礼は武谷の名前と業績を把握しているのだ。

今度の原稿、カットのかわりに、もし桑原さんの写真をお入れ下さるなら、写眞集の中から（44P）少年と、焼酎を呑んでる爺さんの写真をとって（できれば丸一頁にお入れ下さり、上か下に空白できれば、そこには私の文章入らぬよう、桑原さんの名前だけにして下さればと思うのですが、私は素人でわかりませんが）いただければうれしいのですが、御都合もおありでしょうから、おまかせいたします。

（同、六六年一〇月一五日）

「海と空のあいだに」七回目は『苦海浄土　わが水俣病』「第四章　天の魚　九竜権現さま」、八回目は「第四章　天の魚　海石」の初稿となる。初稿ではあるが本質的な改稿はないので決定稿にひとしい。引用したのは、八回目の写真使用についての道子の希望を述べた部分だ。

「第四章　天の魚」は胎児性患者、江津野杢太郎一家計六人のスケッチであり、杢太郎の祖父の語りが骨格をなす。桑原史成写真集『水俣病』四四頁の「焼酎を呑んでる爺さん」は祖父その人であり、少年と一緒に写ったカットは道子としてはぜひほしいところだった。渡辺は道子の希望を容れる。ただし、写真説明にかんして、「桑原さんの名前だけにして下されば」という道子の希望は却下し、「桑原史成写真集「水俣病」より」というキャプションにした。

石牟礼道子は『苦海浄土　わが水俣病』の柱となる「第三章　ゆき女きき書」と「第四章　天の魚」の初稿となる部分を「海と空のあいだに」で書き上げ、次の展開として、加害企業やその企業を受け入れた水俣の風土を書くという構想を温めていた。産業発達史まで筆を伸ばしたい。渡辺に相談したところ否定的な見解が返ってきた。

それから、私が産業発達史を勉強はじめていることについての御忠告、まことに一応御もっともでありがたく、考えてみましたが、直接的には水俣病を考えているうちに出て来たのですが、これは将来高群研究にひきつぐためでもあり、何より、私自身、日本資本主義を私流にはぜひともとらえなければならぬというやみがたい欲望なので、するとやはり私としては水俣病を通してみるのが自然でもある訳で、産業発達史、こまかく云えば肥料―合成化学発達史は胸におさめておきたい、もっとこまかく云えば日窒史ですね。やりたいと思います。しかしこれを水俣病の中に素人の生ビョウ法で書くことははずかしいことですので、渡辺さんのおっしゃる通りにいたしたいと考えています。私自身のエゴイズムのため、私自身の遠い先の成長のためです（永生きするつもりらしいです）。

そこで、われながらあきれることですが、もはやかくなる上は、水俣病うんと腰を抜かして、ゆうゆうと書くことにきめました。したがって、今出版のことを考えることは（考えないことはありません）後まわしです（といってなまけるという意味ではありません）。書き上げたとき自分自身に赤恥をかきたくない、とおもっています。まだ力がたりない、といつも思います。


（同、六六年一〇月三一日）


道子が「産業発達史」を書くことに渡辺が否定的なのは、「水俣病の中に素人の生ビョウ法で書くことははずかしい」というのが理由であるようだ。詩人肌の道子が社会科学的なことを書くのは似つかわしくないという判断なのだ。ゆき女の独白や杢太郎の祖父の語りの最初の読者である渡辺にしてみれば、ゆきや杢太郎祖父の迫真の記述とチッソ史など社会科学的記述は水と油に思えたのだろう。

そういう渡辺の意見は一応聞いた上で、道子は『苦海浄土　わが水俣病』にチッソ史も産業発達史もしっかりと書き込む。理屈よりも、書き手としての道子の本能がそれらは必要だと告げていた。「物事の基礎の、最初の杭をどこに据えるか、どのように打つか。世界の根本を据えるのとおんなじぞ」と道子に説いた父亀太郎の記憶がよみがえったのかもしれない。

『苦海浄土　わが水俣病』は、水俣病事件から七〇年以上も前の足尾銅山鉱毒事件にも言及している。水俣のことだけに集中していたわけではなかった。水俣病事件を歴史の中に位置付ける視点があった。二〇一一年の東日本大震災の福島原発事故のあと、『苦海浄土』への関心が高まったのは、「企業・行政の行き過ぎによる悲劇が繰り返されている」という洞察を同書に読み取ることができるからだ。未来を予見する目があったのである。

書きあぐねていた「海と空のあいだに」は東京に来てから手応えを増しつつあった。水俣から遠くはなれた地だと、水俣の惨禍を客観視できる。同時並行で逸枝伝の構想も温めている。森の家でつけている日記が逸枝伝の大きな柱になる。森の家を、いつか去らねばならない。水俣帰還の時期について道子は考えをめぐらしている。

帰郷の時期についてはここのお家の条件に規定される訳です。憲三氏は一月いっぱいで全集の御仕事ここで終られ、それと共に世田谷区からこの家買上げのヨテイなるもそれがくり上るか少しのびるか今は不明、いずれにしろ、そう遠い時期とは思えません。私はパリ燃ゆにとり組んだ大仏氏のパリ取材とひきくらべ、東京タイザイを一日でもひきのばしたく、私としては一生に恐らく二度とあるまいと思えるほど有難い条件の中で勉強しています。氏はまた〝勉強なさい〟の一点ばりで、学問的雰イキとしては最高度の熱度の中で私流には「ラン学事始」が、崩カイ直前の森の家ではじまった感じで、異常にしてまれなる師弟関係が出来上りつつあると思っています。氏も私も常に、氏の死を意識しています。事実、氏のゴ健康は気づかわれる状態です。

ここでの日記、コクメイにつけています。本格的逸枝伝にとりかかる前、この日記を

「最後の人」という題で発表する構想立っています。日記の一端については畠田氏に報告。憲三氏は日本にはちょっとめずらしい透徹したニヒリズムの持主かと思います。それに大野人のおもむきあり。クマソを近代人にすればこのような知性かと感じます。いずれにしてもクマソの正統なのでしょうね。〝彼女〟について討論するときは、いつのまにか氏も私もエン世的大気エンになって苦笑します。何しろこの御夫婦はキョウミつきません。今日二十九日、広告の領収書と氏あての御手紙とどきました。「自分は一方的な好意を彼女の遺志としてとり行うだけだから御手紙は書けないがどうぞよろしく」との御伝言でした。「面会お断り」の札は彼女生前のまま引きつづき守られ、これを神聖として私も人に逢う必要のあるときは外に出て逢うという風にして、誰も来ぬ〝ざんばら〟の森の鬼気が気に入り、本当はここを離れたくないのですがそうもゆきませず、いろいろ考えている次第です。帰熊の折は前もっておしらせし、ぜひおめにかかりたいものです。

（同、六六年一〇月三一日）

高群逸枝全集全一〇巻の全面広告が載っている。「海と空のあいだに」八回目が載った第一一号に先立つ第一〇号（六六年一〇月）裏表紙の裏である。『熊本風土記』を応援する橋本憲三がスポンサーである。そこには石牟礼の「高群全集に思う」も載っている。広告代を出す憲三に触発されて書いたものだという。四〇〇字詰原稿用紙三枚。

「原初の言葉がうしなわれた現代に生れた私は、愛や人類のことを日常の問題として心に蔵し、それを語ることについてある種のはにかみを余儀なくされるが、彼女との対話のときはそれを脱することができる」などと尊敬する逸枝への満腔の思いを記している。

石牟礼道子の森の家訪問は森の家の終焉と重なってしまった。「森の家は彼女がしつらえた幻の家であった。つまり擬制の共同体でもあった」と日記に書く（一一月一日）。「渡辺さんから手紙（感謝）、生活の基本方針について」（一一月一二日）

一一月一四日、世田谷区役所公園課長らが来訪。森の家の譲渡仮契約調印である。およそ二〇〇〇万円で売れて、税金が半分、一〇〇〇万円残る。「この森が一千万の値打ちとは安い気がする」。一一月二四日、石牟礼道子は森の家を離れた。「先生さようなら」と日記に書いた。「処女作『苦海浄土』のかなりの部分は、東京世田谷の朽ち果ててゆく森の家で、お励ましにうながされて書き進められた。当時そこしか、わたしの身を置く場所はなかった。逸枝の霊に憑かれている気持であった」と石牟礼は書く（「朱をつける人」）。

しかし、これまで明らかにしてきた通り、森の家で道子が書いた（完成させた）のは「海と空のあいだに」八回目だけである。七回目までは渡辺に渡してから東京に来たのだ。「かなりの部分」とはどういうことか。八回目は『苦海浄土　わが水俣病』の語りの核心のひとつとされる「第四章　天の魚」のさわりの部分なので、作品全体への比重の大きさから「かなりの部分」という言い方になったのか。「海と空のあいだに」八回分だけでは本にするには足りないので、八回分以外の構想を森の家で温めたということなのか。そのどちらかであろう。

第八章　休刊

「タウン誌の先駆」としての側面が『熊本風土記』にあるのを見落とさないでほしい、と九二歳の渡辺京二は言う。六五年一一月の創刊号を開く。真ん中への〝情報コーナー〟とでも名づけたい四頁が、硬派なトーンの雑誌のなかでくつろいだ雰囲気をかもしだす。

情報コーナーのメインは人物紹介欄であろう。創刊号では、長編小説『明治十年』を書いた熊本商大教授で作家の森川譲（甲斐弦）がインタビューに応じている。森川は「〝熊本風土記〟発刊によせて」の寄稿者でもある。余談になるが、福岡市の出版社「弦書房」の「弦」は甲斐弦に由来する。

人物紹介欄は以後、徳永郁介（熊本女子大教授）、板井栄雄（画家）、伊藤直臣（伊藤洋画研究所）、高本常雄（書籍蒐集家）、和田勇一（熊大英文科教授）、中野晋（水俣淇水文庫館長）、沖津正巳（佐竹商店支配人）、内田守（熊本学園短大部長）、藤川治水（映画評論家）――とつづく。中野晋は石牟礼道子が書いている。当時の熊本文化界を代表する顔ぶれ、と言ってよい。

創刊号に戻る。人物紹介欄以外の情報コーナーは、文化短信、新刊紹介、コラム「くまもと歴史夜話」、コラム「野あるき町あるき」、コラム「私の行きつけ」の五コーナーを展開。「私の行きつけ」では詩人の堀川喜八郎がコーヒースタンド・アローを紹介。渡辺と石牟礼がよく立ち寄り、カリガリと並び渡辺人脈の拠点となった店だ。

このコーナーの最後には「テレビ寸評」が二本。「歌って踊って大合戦」という番組について「創価学会や、歌ごえ喫茶の会場ムードと相似した点もある。「歌って踊って大合戦」には現代の「ええじゃないか」に発展する芽もあるかもしれない」と評す。（藤）という署名は藤川治水。『炎の眼』以来の渡辺の文筆仲間である。

以上見たように創刊号は「タウン誌の先駆」の名に恥じない出来栄えである。むろん創刊号だから入念な準備の末、大いに手間と時間をかけてつくったのだ。情報コーナーは六六年二月の第四号までつづき、経営危機が表面化した六六年四月の第五号で姿を消す。もはやこれまでかと思われたが第六号から復活している。

第八号の人物紹介欄は「悪書宣告」と名前を変え、大野二郎の書評が載っている。衛藤瀋吉『無告の民と政治』を論じたものである。編集部（渡辺）の注釈によると、熊本日日新聞の読書欄で「内容穏当でない」との理由でボツになった。大野の書評は悪書を糾弾したものであり、渡辺はそこを評価したらしい。「どこから見ても良書の顔をしている悪書に対しノウの声をだんこととして響かせようというわけです」と痛快なことを書いている。

一方、東京から帰った石牟礼道子はどうしているだろう。六六年晩秋、水俣に戻って早々、夫に別れ話を切り出した。夫の弘は道子の仕事の理解者・協力者であり、道子不在の家をしっかり守っている。長い東京滞在がやっと終わったと思ったら、別れ話である。当惑するしかなかったであろう。「お父さんがかわいそうだ」と道生は母をなじった。

今度東京に来るについては、私、石牟礼に、思想上の対決をつきつける形で出て来ました。ここに来てすぐ彼と息子にそのような手紙を書きました。理解出来あえないかもしれぬけれども、ここらでお互いひと努力せねば、共同生活の意味がなく、私の側から云えば、今後の研究生活、つまり〃孤絶主義〃がおびやかされるので、二人の（彼と息子の）協力が得られるか、また私の生活が二人（息子が十八歳のタン生をむかえましたので）の生活をソ外することになると思えば、離れて私は自主の道を選ぶという意味の手紙です。

生れて育った村の地域共同体の諸条件に規定されている一主婦である私としては、もはや非常手段をとらざるをえない心理と条件の中に来ています。リコンとなれば飯尾さん方にころがりこむ話しあいが出来ています。しかしもうレンアイもケッコンもこりごりなので、いつかも申した通り、わが一生すでに終れりとして、家にもどるにしろ、出るにしろ、孤絶主義を旗じるしにして、つまりそれを美学の体系にして、逸枝研究に没トウしたい、成果についてはあまり考えないということにしています。

。石牟礼とのこと誰にも知られたくありません。いずれどちらかにカタがつくでしょう。どちらにしても私にとっては再出発の心がまえです。

（「渡辺京二宛て石牟礼道子書簡」六六年一〇月三一日）

森の家から帰った道子は「逸枝研究に没トウしたい」と思っていた。逸枝の奔放な生き方に刺激を受け、「勉強したい、家を出たい」と口にした。自活せねばならぬ。熊本市で就職したかった。バーかキャバレーに行こうと思った。キャバレーの募集ポスターに「麗人募集」とあり、「私は麗人じゃないからだめだ」とあきらめた。別れ話は立ち消えになった。

『熊本風土記』第一二号（六六年一二月）の巻頭は谷川健一の「海の彼方」。のちに民俗学で名をはせる健一の「民俗学開眼の巻」とでもいった趣である。祖霊の国であり古代日本人が海の彼方にあると信じたトコヨについて言及し、「トコヨはかならずしも、遠い海の彼方であることを必要とせず、永遠の闇にとざされた古墳のなか、つまり黄泉《よみ》の国であることになります」と述べ、鎖国時代の漂流者たちの名を列挙している。

「次号予告」によると、松浦豊敏、岡本達明、畠田真一らが執筆予定者。待望久しい「水俣庶民史」の第二回目も掲載される。第一二号をながめる限り〝健闘〟という印象であり、この号で終わりという悲壮感は感じられない。しかし、編集者である渡辺京二は雑誌の終焉を肌で感じていたのか、編集後記に「別れのあいさつ」ともとれる文言を連ねている。

レーニンは革命権力が二十四時間の生命を保ったと知った時、雪の中に走り出てワルツを踊ったという。風土記も一年はもった。口笛でも吹こうか。

この一年、風土記は確実に熊本という地域に或る衝撃を与えつづけたと思う。しかしそんなことにわれわれは満足を感じてはいない。ここでもう一段と腰をおろし重心を低くして進むことが必要と思う。

創刊以来小誌を支えてくれた読者諸兄に心から挨拶を。

六七年新年早々、石牟礼道子は『熊本風土記』の危機を告げる渡辺京二からの手紙を受け取った。三カ月休刊してまた再開するという。そんなことができるものなのか。打ち合わせでもしてカラ元気を出すしかなさそうであった。

赤崎さんより聞かれたと思いますが、梨佐が先月十五日、交通事故にて左大腿骨を折り、以来バタバタでお便りする余裕ありませんでした。幸い骨折だけですが、何しろ大きい骨なので、全治するのはこの春とのこと。学校の方もあと二年生の残りは行けないことになります。夕方、近くの貸本屋へ本をかりに行って、単車にはねられたものです。そんな故もあって風土記は一月号を出して、二、三、四の三ヶ月休刊します。その間、滞納の回収と、打開策の検討についやすつもりです。五月号からはかならず復刊するわけですが、あなたの連載、つづけたいと思っていますので、準備の方、よろしくお願いします。

水俣地区の誌代回収は市役所がガタガタですし、もう一度検討する必要がありましょう。また読者拡大についても当方よりの打診はたいていナシのツブテで終ってしまいますので、これまた検討の要あります。

「海と空のあいだに」の連載の件、それに水俣庶民史についても打合わせたく思っています。あなたもご病気がちの由で、頭の痛いことばかり申上げるのは気がひけるのですが、出来れば一度、お会いしたく思うわけです。

（「石牟礼道子宛て渡辺京二書簡」六七年一月一一日）

渡辺の長女梨佐が大けがをした。このとき借りようとした本は望月三起也の漫画『秘密探偵JA』。梨佐より三歳下の私（筆者）にもなつかしい本である。梨佐は、前年の一〇月にもけがをしたのだが、そのときは軽症ですんだ。命に別状ないとはいえ、小学二年の少女が全治数カ月というのは見過ごせない大事である。道子も梨佐をかわいがっていただけに心をいためた。渡辺は「風土記は一月号を出して、二、三、四の三ヶ月休刊します」と書いているが、一月号はついに出ることはなかった。しばらく休む休刊でなく終刊を意味する休刊になってしまうわけである。

渡辺は『熊本風土記』休刊の理由として、「経営難」「梨佐の大けが」のふたつの理由を挙げる。実際には「経営難」でにっちもさっちもいかなくなったのだ。娘のけががなくても早晩、終わりになっていたであろう。

雑誌は頓挫したとはいうものの、「「海と空のあいだに」の連載の件、それに水俣庶民史についても打合わせたく思っています」と述べるなど、渡辺は闘志を失っていない。闘志というより、苦しいときだからこそ、道子に会って、励ましてもらいたかっただろう。

事態を知った石牟礼道子は知り合いに「緊急報告」を出し、渡辺の休刊の意向を伝えるとともに、誌代の納入と梨佐へのお見舞い（カンパ）を呼びかけている。渡辺の手紙を受け取った直後に書いたのだろう。いても立ってもいられないという気持ちが伝わる。

熊本風土記について緊急報告をいたします。

風土記編集者渡辺京二氏の長女リサちゃんがこの十二月十五日交通事故にて左大腿骨折の重傷（全治五ケ月）を負いました。リサちゃんはこの十月にも同じく交通事故で頭をケガし、治ったばかりでした。

風土記はさしより一月号を出し、二、三、四、を休刊し、その間に滞納を完全に回収し、打開策の検討にかかります。緊急に誌代の納入をおねがいするゆえんです。あるいは御好意によって前納をいただければ、その上にリサちゃんへの御見舞をいただくことができれば、ありがたく存じます。（日時不詳）

『熊本風土記』の行く末や梨佐のけがに気を揉む一方、書き手としての石牟礼道子は「海と空のあいだに」第九回原稿を準備していた。榛名勝己という名の青年が水俣に来て、水俣病患者の家に泊めてもらう。一張きりの貴重な蚊帳を貸してもらう。辞退すると、「遠慮は悪ばい」と言われる。そんな水俣の人情が描かれる。余談ながら、道子の末弟の名は勝巳である。

一張きりの蚊帳を、どこから来たとも知れぬ若者に提供してこの幾夜かをねむって来た家族たちに、こんどは彼が、その蚊帳をはずし、自分がしてもらったようにこの家族たちのねむりをさまたげぬようにして吊って返してもよいのであった。

（石牟礼道子『道子の草文』所収「海と空のあいだに」第九回）

「海と空のあいだに」第九回は一部が散逸し、残っているのは一〇枚である。この原稿は二〇一二年に渡辺京二主宰の雑誌『道標』三九号に収められ、二〇二〇年刊行の『道子の草文』に収録された。『道標』掲載時、渡辺は次のように書いている。

この第九回は単行本『苦海浄土』には収められなかった。その事情はすでに本人もさだかに記憶していないが、内容が被害村落に泊まりこんだよそものの学生を主人公としているので、他の諸章とやや異質と感じられたためかもしれない。しかし、庶民たちの人情の厚さ、つつましく義理がたい生活感覚を描くのは石牟礼作品の一貫した重要な主題であり、その特色はこの未発表原稿にも横溢している。

「海と空のあいだに」第九回は、八回目まではトーンが一新されている。外来者の目から水俣病を捉えようと方向転換したのか。青年を泊める民家とは、『苦海浄土　わが水俣病』で重症の小児性水俣病によって「植物的な生き方」を強いられる杉原ゆりの実家の杉原彦次宅である。文体が変わったとはいっても、水俣病事件の中核から目を離すまいとする道子の態度は一貫している。

六八年に「海と空のあいだに」の書籍化が決まり、分量が足りないので、大幅に書き足すことになった。道子が書き足したのはチッソ史を含む水俣の歴史であり、水俣病事件の同時進行的ルポであり、患者救済運動の胎動というべき動きだった。人情など庶民感覚が強調された第九回は全体の構成にマッチしなかったのだろう。

〝幻の苦海浄土〟となってしまった第九回だが、『熊本風土記』がつづいていればそれまでと同じように掲載され、その流れで『苦海浄土　わが水俣病』にも収録されていただろう。第九回をめぐっての石牟礼から渡辺へのハガキがある。

　原稿につける副題は大分困りましたが、「海に降りてゆく村」としましょうか。何かよい言葉はございませんか。写真はできれば最近、去年十一月、アサヒカメラにのった桑原さんのがあるのですが。
（「渡辺京二宛て石牟礼道子書簡」六七年三月一一日）

報道写真家の桑原史成は「杉原ゆり」のモデル松永久美子の実家に泊めてもらった経験がある。「被害村落に泊まりこんだよそものの学生」のモデルが桑原なのである。桑原は「蚊帳のエピソードは私自身の体験」と私（筆者）に明かしている。六〇年代、桑原は東京から継続的に水俣を訪ね撮影をつづけていた。若々しい風貌から「学生さん」と呼ばれていた。桑原と道子は水俣での「表現第一世代」の同志であり、検診会場などで話し込むことも多かった。蚊帳の話も桑原からじかに聞いたのであろう。

『熊本風土記』がつないだ石牟礼と渡辺の関係は、雑誌がなくなっても揺らぐことはなかった。水俣に帰郷した橋本憲三の代理と称して石牟礼が渡辺に出した手紙がある。

「全集完結の広告の申し出は自分としては全く一方的なことであり、他の、日本談義、詩と真実などには行なわぬことであり、自分としては消極的示威行為であり、書評のことなどは御放念下さるよう、また、礼など御不用、不しょうですから御返事かけませんので、なにとぞあしからず。勝手なおねがいで恐縮です」という憲三の言葉を伝えている。

過日は御世話さまになりました。駅にゆきましてからまた急にふらふらと気がかわり、いつぞや堀川氏すいせんの旅館に引き返しました。一時ごろです。

夜はねむれず、朝になり、それから十二時までねむり、畠田さんにおめにかかっておいたがよろしいと考え（いつも申訳ないと思っていますので）お電話をしてスイスで紅茶をのみながらお話。アローにゆき、ひょっとしたら渡辺さんみえて、おどろかれるであろうと存じましたが、それをみることなく帰宅いたしました。咳が出ねば、御厄介になりたかったのでしたが、あつこさまになにとぞよろしく。

（同、六七年二月一八日）

渡辺宅に泊まり、水俣に戻るつもりが、戻らなかった。理由を詮索しても意味がない。戻りたくないときもある。畠田やスイスやアローのこと。渡辺とかかわりのある言葉を並べ、かなわぬ思いと知りつつ、いまからでも渡辺があらわれないかと待っている。朝になった。次の機会を待つしかない。せっかく一晩追加で泊まったのだから、渡辺に会いに行ったらいいと私（筆者）など思うのだが、頻繁に行くのははばかられるのだろうか。

まったくひょいと今日三月十一日は私の満四十歳のタン生日であることに思いつき、この思いつきの笑止でにがいことをかみしめます。空なるかな四十年。四十年をかえせ、という未練がましい感じもあります。

孤立について考えるのですが、あなたに笑われそうですが、女が思想的に自分に孤立を課すというときに腹が立つあまりにいやにはっきりしてくるのは母性の欠落へむかってすすむべしという暴力的な命題です。そのはてに、なんと、また、けろりとギャク殺した筈のもっとも原始的な母性が陽光のもとの花蜜のごとくタン生するというおもしろさです。それで大へん困るのです。〝生む〟ということに大へん私はひっかかります。ただ、ただ、私はこの不調和世界を（無精卵を）目下抱きあたためているメンドリのごときものです。

（同、六七年三月一一日）

先日、水俣に帰りかけたのに、熊本に踏みとどまったのは、せんじ詰めれば、渡辺のことがアタマにあるからだ。会って、胸にわだかまる思いを聞いてほしかった。話し足りないから、水俣に帰ることができない。熊本にいつづけたとしても、そう何度も会いに行けない。勇を鼓して渡辺家へ。いつ行っても歓待してくれる渡辺の妻敦子には心からの感謝の気持ちを抱いている。

先日はおいしいごはんとあたたかい寝床をたまわりまして、ほんとうにありがとうございました。元気が出てもどりました。私のふきんには野生の、掌のくぼほどのカメやスッポンやきれいな豆つぶのようなカニやその他数かぎりないほどの生きものがたんぼ道や海岸べりにいるので、チエちゃんに見せたらきっと感動してくれやしないかしら、一ペン水俣まで借してはいただけないものかと考えています。抱いたりおぶったり歩かせたりして海や野原や山に連れてゆきたいものです。リサちゃんの顔をみてこなかったので申訳ない気持です。どうかリサちゃんによろしくおっしゃって下さいませ。こんど行くときは何かもってゆきます。

（「渡辺敦子宛て石牟礼道子書簡」六七年四月三〇日）

『熊本風土記』がなくなれば水俣での活動に専念すればよさそうなものだが、水俣では道子の本領を発揮できないとばかりに渡辺を頼って熊本までやってくる。業務連絡や打ち合わせをすることは減ってしまったが、内心をおおっていた膜がなくなったと言わんばかりに、渡辺の手紙は思いを直截《ちょくせつ》につづるようになる。仕事抜きの赤裸な声がもれ始める。妻敦子への手紙が示すように、女性に対しては徹底的に自分をさらけだして何事かを伝えようとする渡辺なのである。

今日アローでゆうべ熊本駅で夜明かしなさったことを知りました。そんなことをなさっていたら、ほんとうに身体をこわしてしまいます。私があとあとのことを考えず、あちこち引き廻しすぎるのです。胸が痛みます。これからは私がよく考えて、このようなことがないように致します。静かにひっそりと生きたいものです。この願望かなえられることがあるでしょうか。ヒステリー性の自分の性格から変えねばいけないのでしょう。

あなたと知りあえたことを私はこの世の浄福と考えています。どうか身体を粗末になさらないで下さい。まわりのものへの責任を考えて下さい。自分を大事にして下さい。どうかかりそめの言葉と聞いて下さいますな。道生君と電話で話していらっしゃるあなたを見て、あなたが母親であることをはじめて実感しました。あんな甘美な母親をもって道生君はしあわせで身の置きどころがないだろうと思いました。

私は世が世であれば出家遁世をしたいと思います。昔の人の気持がわかるような気がします。何とか雑誌を出したい。それだけがほんとうの仕事です。一しょに雑誌を出して下されば、うれしいです。二人の名前で出しましょう。とりとめのない手紙を書いてしまいました。余計なことは今夜は書きたくありません。

（「石牟礼道子宛て渡辺京二書簡」六七年五月一二日）

この手紙のトーンはどこか覚えがある。渡辺が妻敦子との交際期に書いた手紙と雰囲気が似ている。「あなたと知りあえたことを私はこの世の浄福と考えています」とは思い切ったフレーズである。中途半端な気持ちでは発することはできない。考え抜いた揚げ句のものだろう。気障といえば気障であり、次に道子と会うとき渡辺はどんな顔をするのだろうかと心配してしまう。どう思われてもオレの気持ちはこれだ、受け取ってくれ、という確固たる意志を感じる。「一しょに雑誌を出して下されば、うれしいです。二人の名前で出しましょう」と書いてあるからには、『熊本風土記』の再興は断念したのだ。新文化集団絡みの『熊本風土記』をふたりの名前で出すはずがない。「二人の名前で出しましょう」というのは新しい雑誌のことだ。ラストの「余計なことは今夜は書きたくありません」は意味深長である。「あなたと知りあえたことを私はこの世の浄福と考えています」と書きたいがために、この手紙を書いた。その他は蛇足だというのだろうか。

お元気ですか。いま、奇病部落の湯堂の市営屠畜場で、赤崎さんといっしょです。私は座りこみジュンビのため、仕事部屋なるものを三ケ月の大斗争の末、カクトクしました。それで、今度から昼もデンキをつけなくて字がみえるようになりました。
出来あがった部屋にうつる大セイリの時、床下から例の大金、メッカリました。万々歳でした。これをフルにつかい、新ガタやら足尾やらにゆくつもりです。なかったつもりのお金ですので、同封のものリサちゃんおみまいにさしあげます。私も元気が出て来たので、どんどん、どんどん仕事をするつもりです。

ところで、健一氏からお手紙あり、三一の企画のききがきの仕事をせよとのことです。ふくざつな気がしますが、健一氏には恩義あり、つつしんでおうけする旨、へんじしました。そのことで近くおめにかかりに（高浜氏にも）ゆくつもりです。

こちらの男性諸氏、何をするでもなくうろうろしているので、今夜、集れ、をかけました。秋になるので、渡辺さんからの宿題をまず手をつけねばと思っています。いちどこちらにも来て下さい。アツコさまおげんきですか。

（「渡辺京二宛て石牟礼道子書簡」六七年八月二四日）


奇病の取材をつづけていること。仕事部屋を獲得したこと。失くしたと思った大金を見つけたこと。谷川健一から聞き書きの仕事の依頼があったこと。健一から仕事の依頼があったので熊本まで相談に行くこと――がつづられる。「渡辺さんからの宿題」というのは庶民史のことだろうか。「海と空のあいだに」と一緒に庶民史を書くのが道子の宿願だった。

一方、道子がかかわっている雑誌は『熊本風土記』だけでない。『サークル村』時代に知り合った河野信子の個人誌『無名通信』に時々書いている。書いてはいるが、締め切りを守ることができない。河野から原稿催促のハガキが時々来る。

六七年一一月中旬、道子は熊本市に出かけた。水俣から熊本に引っ越した谷川四兄弟の両親の家を訪ねたのだ。四兄弟とは、健一、雁、道雄、公彦。父親の谷川侃二が亡くなったのである。侃二は熊本県豊川村（現・宇城市）から水俣に移り、眼科医を開業。四男二女に恵まれた。道子は雁の妹徳子と小学校の同級生だ。

侃二はチッソ付属病院院長の細川一と医師同士の交流があった。細川は雁の紹介で、ノルウェーの劇作家、ヘンリック・イプセンの戯曲『民衆の敵』を愛読。主人公の医師は原因不明の病気の原因を工場排水だと突き止めるが、兄の町長から口止めされる。町のマイナスイメージになるというので医師は「民衆の敵」と糾弾される。水俣における細川の立場を反映したような筋立てである。

この熊本行きの際、道子は渡辺家に泊まった。渡辺夫妻への道子の礼状がある。

先日はいつものように突然おじゃまいたしました。アローで御めにかかって、谷川家に弔問にゆき、トンボ帰りに帰水の予定でしたが、またまた、ごちそうさまになりました。しばし、ルイクンにママさんとまちがわれ、はなかい母情を感じました。年のせいか、このごろすごく赤ちゃんをみると、全細胞がせつなくなります。テレビやしんぶんに赤ちゃんのエが出るといつまでもみとれてしまいます。ましてそこに本ものの赤ちゃんがいると。それにしても、お宅の家庭料理にはたんびに感心いたします。栄養、カロリー、色サイ、味、なにげなく吟味され、このごろとんと調理の方もさえない（よくコガス）私にはしんせんなよろこびです。けれど、アッコさんごめいわくかけます（いまに大金をもうけ、御サイ銭をおそなえしたく念じています）。

すみません。主婦の忙しさや御台所のクルシサ、誰よりもよくわかっているつもりの私ですのに、ついつい、ひきよせられておじゃましてしまい、私としては不可思議な気持です。

（「渡辺京二・敦子宛て石牟礼道子書簡」六七年一一月二二日）

渡辺家はつくづく道子にとって居心地がいいのである。敦子夫人の手料理、幼い女の子ふたりと赤ん坊など、家全体に満ちる明るいエネルギーに「ついつい、ひきよせられて」しまうのだ。

道子は六八年から『朝日ジャーナル』にしばしば執筆するようになる。「わが不知火」（六八年五月）、「菊とナガサキ」（同八月）、「地霊のパルチザン」（七一年三月）など。仲介したのは旧知の上野英信である。

上野は五八年に谷川雁らと福岡県中間市に「サークル村」を発足させたが、翌年、雁と対立し、福岡市に移住。鞍手町の旧炭鉱住宅を改装した「筑豊文庫」を六四年に開設。炭鉱をテーマとする記録作家として知られていた。道子と英信は「サークル村」時代に知り合い、その後も手紙を交わすなど家族ぐるみの良好な関係を保っていた。

上野は、『現代の記録』、『熊本風土記』に載る道子の文章に感銘を受けていた。「こんな重い仕事を持続される石牟礼さんが、おなじ九州にいらっしゃるということだけで、私は筑豊でたえてゆかれます。ありがとう！　心からお礼を申します。さらにご苦闘あらんことを！」との文章を道子に寄せている。

その上野が『朝日ジャーナル』の編集者と一緒に水俣に来る。同誌に寄稿してほしいというのである。原稿料なしのローカル・マガジンにばかり書いてきた道子にとって『朝日ジャーナル』は原稿料の入る晴れ舞台であり、手放しで喜びそうなものだが、なぜか気持ちは弾まない。いざ実現となると冷めてしまう性癖がある。師匠格の橋本憲三に報告兼相談に行っている。

橋本憲三の家はかつて道子も住んだ水俣市栄町の一角にある。石屋の道子の家の先隣りが「末広」という遊廓だった。憲三の家は道子の旧居から一〇〇メートル足らず。東京の森の家を片づけた憲三は水俣に帰郷し、六八年から妻逸枝を顕彰する『高群逸枝雑誌』の刊行を始めている（八〇年まで三二冊）。

高群逸枝の墓兼記念碑は市役所裏の秋葉山中腹にある。市役所から徒歩約一〇分。逸枝の面影をきざんだ朝倉響子作のレリーフは道子が依頼したものだ。墓兼記念碑の石積みは道子の実家吉田組の石工の熟練工吉田一二三が担当した。

橋本憲三といえば、七三年二月、瀬戸内晴美が憲三を訪ねている。高群逸枝と橋本憲三を描く『文芸展望』連載「日月ふたり」の取材である。「憲三氏の妹さんの静子さんのお宅が酒屋さんで、その入口に建てた鉄筋二階建の二階に氏は棲んでおられた」と晴美は「日月ふたり」に書いている。

瀬戸内晴美は同年一一月に出家して「寂聴」と名乗ることになるが、筆名はしばらく「瀬戸内晴美」のままだった。小説などは八九年頃から「瀬戸内寂聴」に変えている。七三年頃、道子も『文芸展望』に「椿の海の記」を連載中だった。目次に晴美と道子の名が並んでいる。編集部からの依頼で道子が晴美を憲三に紹介することになった。水俣病訴訟の判決を翌月に控えたあわただしい時期だったが、ほかならぬ逸枝と憲三のことなので時間をさいたのだろう。以後、道子と寂聴は生涯にわたる友情を築くことになる。

橋本憲三に相談した翌日、上野英信が『朝日ジャーナル』の編集者一行を連れてきた。道子と対面後、上野らは水俣の「山の温泉」である湯の鶴温泉に宿泊した。編集者らは次の日も道子と打ち合わせをおこなっている。上野や編集者の来訪などあわただしい日々を道子は渡辺に報告している。

父の容態がわるいのです。こんな私でもひしひしと生活ハタンがせまってくるのがわかります。両親はやっぱり私がかかえねば、石先生にフタンかけるわけにゆかないので。こんな私に神さまか悪まのように、朝日ジャーナルの編集氏とカメラ氏と上野英信さんきて、原稿書けといいました。来年度の企画で、東京文化を通さない、いわば底点からの発言を、せよ、というので、少し気にいり、承知しました。連サイずいひつの形、五、六回、三月か四月けいさい、一回十三枚――。しかし、その前に健一さんへの原稿年内にあげ、天草島からゆきさんにも一月中にしるしをつけ、ああそれから、私の水俣病は一体どうなるのか、来年は鬼になって水俣病とからゆきさんを出版しなければ――。きっと来年はこの二つができるような気がします。朝日ジャーナルのは力を入れねば、そのことで、あと、カネになる原稿、注文くるようにせねば――

初回原稿二月末渡し、無名通信にも二月中に書かねば。朝日の原稿料入ったら、みなさんでビフテキたべにつれて行って下さいな。それから私の目、進んでいるので、その原稿料で大学病院にも行きます。右の目、日暮れのようで、左の目には砂つぶの流れが流れています。しかし、こちらは右より明度あり。そのときはきっとおせわかけます。でも仕事打ちあわせに年内にぜひ一度おじゃましたく存じています。原稿みていただきに。藤坂さんによろしく。便りいただきました。

（同、六七年一二月一三日）

亀太郎が体調を崩している。もともとやせっぽちの男がさらにやせてゼエゼエ苦しそうである。わずかな現金収入を求めて借りてきたブタに残飯をやる亀太郎の姿を見ておられず、道子もエサやりを手伝ったことがある。「なんによらず、基礎打ちというものが大切ぞ」と人生の根本をおしえてくれたかけがえのない父は六九年四月に亡くなった。享年七六。

「石先生」とは中学教師の夫石牟礼弘のこと。水俣を留守がちの道子の身代わりを務めるように、熱血指導で生徒と向き合い、組合活動にも熱心だった。水俣病患者にも率先して寄り添う姿勢をみせるなど、地域で人望があった。

連載の回数など『朝日ジャーナル』との打ち合わせの詳細も明らかにしている。「五、六回、三月か四月けいさい」という結構アバウトなものだ。確たる言質《げんち》を与えない道子と交渉した結果、かろうじてこれだけ決めたのだ。「海と空のあいだに」の書籍化が具体化しない状況で、雑誌に連載し、その合間に「からゆきさん」も書くという、ハードな目標を道子は自分に課した。道子の両眼は悪化をつづけており、七二年には左目を失明している。「藤坂さん」とは熊本市の詩人、藤坂信子。『熊本風土記』に詩を再三発表。道子とも知り合いになった。藤坂と渡辺の信頼関係は生涯つづき、渡辺は藤坂主宰の詩誌『アンブロシア』に彼が亡くなる二〇二二年まで随筆を寄稿した。

いま、〝渡辺神風連〟を読みおえました。これをもってはじめて神風連は人間的評価をあたえられたというべきにちがいありません。いや、渡辺神風連の世界をみせていただいたというべきでしょうか。なんとうつくしい世界でしょうか。筆の力というものがあるものだと感じいりました。全編をつらぬく死者たちのエピソードは、エピソードの域を超えて、つまり明治九年敬神党の乱の時間に読むものを連れさります。そこで筆者と対象とがそのあたたかなたがいの血脈をもって織りなす様式化された思想の、情念の劇。心にくい終章の印象の深さ。まったく魅せられて読ませていただきました。今までお書きになったもののうちでは絶唱だとおもいました。なにか不安な気さえします。しかしじつにうつくしい。ここにつかのまよみがえる人々の表情や息づかい、妹のほそい手をにぎる若者の掌のあたたかさや、頰にさす血のいろの幽婉哀切さには息をのむおもいです。もってはじめてわが神風連もめいすることができるでしょう。私もはやく書きあげ、おめにかかりにゆきたいものです。みなさまオカゼをめさぬように。

（同、六七年一二月一六日）

多忙であっても石牟礼は渡辺のことを忘れてはいない。渡辺の『神風連とその時代』（葦書房）の刊行は七七年である。道子が言う〝渡辺神風連〟とは、三一書房刊『明治の内乱』に収録された「神風連伝説」であろう。人物列伝ふうで読みやすい。「なんとうつくしい世界でしょうか。筆の力というものがあるものだと感じいりました」などと絶賛の文句を並べている。「ここにつかのまよみがえる人々の表情や息づかい、妹のほそい手をにぎる若者の掌のあたたかさや、頬にさす血のいろの幽婉哀切さには息をのむおもいです」。政治ドラマよりも生活や人物の細部に目が行くところが道子らしい。

原稿料をとりに（住友銀行）出てきました。それを持って帰って、道生が切符を買いにならぶことになっています。日吉先生、森先生をおさそいしてきていて、市民会議の方の報告を、と思っていたのですが、ゆうべは、〝会〟が終ってから、教育会館でおそくまで話しこみ、今朝はやく起きましたら、あそこの階段で、夢のようにすべりおちて、右足ネンザ、いまアローにたどりつき、日吉先生と森先生が銀行と、サロンパスを買いに行って下さっています。

ゆうべ、ここにいらしたとのこと、ひどくがっかりして帰ります。帰って、高群逸枝雑誌発刊の（憲三先生が）ための原稿書き、それから、イヨイヨ、水俣病の仕上げにかかります。市民会議も新聞等でごぞんじとおもいますが、出るべき諸ムジュン出そろい、いよいよ、本格的な孤立にはいります。お話ししたいこと切です。水俣病書きに入ってから、息抜きに出てまいります。こんどは前もってデンポウをうちます。

今朝早く訪問するつもりでしたが、朝おやすみなのにと思いためらううち、珍事でゆけません。お家の移転の時期も近まっていらっしゃるかとおうかがいしたいこともありますのに。もう帰りの時間です。日吉先生、森先生も残念です。よろしくとおっしゃっています。ではまた。

（「渡辺京二宛て石牟礼道子書簡」六八年春ごろ）


水俣病対策市民会議が発足し、道子の周辺がにわかにあわただしくなっている。「教育会館」は市民会議の拠点のひとつである。市民会議会長の日吉フミコが中学の元教頭なのでツテがあるのだ。「出るべき諸ムジュン出そろい、いよいよ、本格的な孤立にはいります」というのはいかにも道子らしい言い方だ。労組員が多数を占める市民会議内で道子は孤立をきわめていた。新組織を求め、「お話ししたいこと切です」という状況にある。


『熊本風土記』の再開を断念した渡辺京二は「さあ、どうやってメシを食うか」と途方に暮れた。五高の同級生で県立第一高校教員の友人が「渡辺くん、英語塾やれよ。お寺かなにか部屋を借り、新聞に広告だしなさい」と助言した。

渡辺は六七年春に米屋町の寺を借りて学習塾を開設。新聞広告で生徒を集めた。塾以外にも、家庭教師を引き受けた。道子が言う「お家の移転」は、熊本市黒髪町宇留毛三六三から熊本市健軍町一八二〇の二二への六八年三月の移転を指す。この家でも学習塾を開設。塾は成功し、渡辺の妻敦子は「塾っていいね、日銭が入ってくるのね」と喜んだ。月謝の持参日は生徒によって違うので「日銭」という言い方になる。

徳間書店から「海と空のあいだに」を出版したいとの話があったが、諸事錯綜し、いつしか立ち消えになっていた。その後、改めて書籍化に向けて動き出した。その中心人物は上野英信である。

　上野さんと打合わせ。ジャーナルのこと、「海と空のあいだに」出版のこと、岩波から出したいとの話、杉浦明平氏の線からゆけば確実とのこと、一切おまかせする。三時きりしまでおかえり。

（「石牟礼道子日記」六八年五月日付け不明）

上野は六七年一一月、知人から「海と空のあいだに」が載った『熊本風土記』をひとそろい借りた。通読し、「これをぜひとも本にして、できるだけ多くの人に読んでもらえれば、もうそれで、自分は生きていたかいがあったのだ」と書籍化に向け力を尽くすことを決めた。それでわざわざ水俣にやってきたのである。上野は、「岩波書店は確実」と思っていた。岩波に影響力のあった小説家で評論家の杉浦明平の後押しを期待している。自身も岩波新書『追われゆく坑夫たち』（六〇年）、『地の底の笑い話』（六七年）を出して岩波にはツテがある。

上野は上京し、「海と空のあいだに」八回分が載った『熊本風土記』八冊を岩波書店に持ち込んだ。岩波新書の一冊にしてもらうつもりだった。半年待ったが返事がない。改めて尋ねると、「評価する編集者がひとりもいない。これでは出すことはできない」という。岩波を断念し、講談社に話を持っていった。

「コウダンシヤシユツパンキマツタ　オメデトウ　アンシンコウ　ウエノ」。六八年六月二一日、水俣の道子に筑豊の上野から電報が届いた。道子は「あれ、きまっちゃったのかしら、とおもい、ああ、上野さんに気落ちさせないですんだ、よかった、とホッとする」と日記に書いた。出版決定は喜ばしいことではあるが、ふと気づいてみれば、『熊本風土記』で一緒に頑張ってきた渡辺が蚊帳の外になっている。経緯を知らせねばならない。

　あのあと上野さんにおめにかかりました。岩波は予想どおりダメとのことで、上野さんをどうおなぐさめしてよいやら困りました。そしたら上野さんはあとすぐ講談社に持ちこまれたとのことで、私はこれもダメにちがいないとおもいきめ、まあまあ、なるようになって日時を経れば番町ゆき、と楽観して帰り、そのこと渡辺さんに報告もせずにおいたところ、この二十一日、追っかけて、講談社で出したいとのしらせをうけました。そこで私も観念して講談社から出すハラをきめました。いろいろご心配かけましたが、そのようになります。まだこまかい打合わせには入っていませんが、結びの章の構成にとりかかっています。私のつもりでは、これは第一部です。ほんとは「怒りのぶどう」ぐらいの量と質で出したいのですが、目の治リョウもあって、いま早急にオカネが要るのです。左の目、悪くなるばかりです。左だけではもう新聞の字こんなんです。

この前の西南役、書きおとしたことあり、西南役もはやく一冊になるよう仕上げたいのですけれど。健一氏おみえになりましたか。講談社とのことこまかくならない前にいちどいろいろ御意見うかがいにゆきたいのですけれど、いま田植のジュンビでまわりが気が立っているので、私もいそがしくて座ることもできません。二十八日がさなぶりですから、それをすまして上熊します。

新ガタ水俣病のエイガのこと、市民会議のこと気になりますが、ときどき（というよりいつもですけれど）ドカンと気持がカンボツし、困ります。きっと精神分レツだなあとおもいます。こんなに厭人性なのに、ショウドウテキに出歩くので悪ジュンカンのきわみ――。

（「渡辺京二宛て石牟礼道子書簡」六八年六月二七日）

道子は出版が決まった経緯を記す。淡々と述べているように見えるが、「ダメにちがいない」「渡辺さんに報告もせずにおいた」「私も観念して講談社から出すハラをきめました」などの文言に言い訳めいたトーンが感じられる。渡辺抜きで決まったことが後ろめたいのだ。渡辺からすぐに返事が来た。

前略　講談社の件、先日、赤崎氏来宅された折にききました。何よりのことと存じます。その後、私もあいかわらず仕事に忙殺され、水俣病に関して動き出すに至らず、期待をうらぎることはなはだしい有様です。どうかもう少し余裕をみて下さい。

（「石牟礼道子宛て渡辺京二書簡」六八年六月二八日）

渡辺の感想は「何よりのことと存じます」とたった一行である。「海と空のあいだに」出版は渡辺の念願でもあったのだから、昂揚した明るい言葉で道子を祝福してやってもよさそうなものだ。冷めている、との印象はぬぐいがたい。

渡辺にしてみれば、おもしろくなかったのであろう。締め切りにルーズな道子を督励して連載を積み上げたのは渡辺である。『熊本風土記』が休刊となり、「海と空のあいだに」だけでも出版したいと思うものの、ツテがない。塾や家庭教師に忙殺されるうち、東京に顔がきく上野が版元を決めた。

先に引用した書簡で注目すべきは「水俣病に関して動き出すに至らず、期待をうらぎることはなはだしい有様です。どうかもう少し余裕をみて下さい」という文言である。この時点までに道子は渡辺に、水俣病患者支援の運動に加わるよう求めている。

水俣病事件の全様相は、たんなる重金属中毒事件というのにとどまらない。公害問題あるいは環境問題という概念ではくくりきれない様相をもって、この国の近代の肉質がそこでは根底的に問われている。これにかかわるとすれば、思想と行動とは、その人間の全生涯をかけたある結晶作業を強いられる。そのような集団をつくれるだろうか、つくらねばならぬ、とわたしはおもっていた。（中略）『苦海浄土』第一部の原題「海と空のあいだに」を連載してもらっていた『熊本風土記』の編集者とその同人たちに、いっさいを報告し、わたしはその心をたたいていた。

（石牟礼道子『苦海浄土　第二部　神々の村』）

言うまでもなく、文中の「『熊本風土記』の編集者」は渡辺京二である。「その同人」という書き方は正確ではない。渡辺個人経営の『熊本風土記』は同人誌ではない。「その同人」というのは、『新熊本文学』や新文化集団以来の渡辺の盟友の上村希美雄、本田啓吉、高浜幸敏らを指すのであろう。のちの水俣病闘争の理論的指導者になる渡辺だが、書簡を見る限り、この段階では腰がひけている。

「海と空のあいだに」は道子お気に入りのタイトルであったが、版元の講談社は難色をしめした。これでは何の本か分からない。自費出版なら「海と空のあいだに」でよいが、商業出版なのだから売る工夫が必要である。上野からもハガキが来た。

「海と空のあいだに」というタイトル、一考を要すると思います。独立した一冊の記録のタイトルとしては、少々イメージが弱い感じです。もうひとふんばり、考えてみてはどうでしょう。とにかく一月を楽しみにしております。

（「石牟礼道子宛て上野英信書簡」六八年一一月二五日）

刊行は既に「六九年一月」と決まっている。「書名変更のこと、ユーウツ。イヤダ　イヤダとおもう」（「石牟礼道子日記」六八年一二月二日）道子も、上野から言われれば、「海と空のあいだに」という題への愛着を押し殺し、新たな題名を考えねばならない。

道子、夫の弘、上野の三人で新たなタイトルを考えることになった。六八年一二月中旬、水俣の道子の家に集まる。上野が「苦海」を提案し、「苦海であれば浄土はどげんや」と弘が受けた。五分もたたないうちに『苦海浄土』に決まった。講談社販売部は新タイトルを歓迎した。納得できず不本意だという気持ちを道子は渡辺に伝えている。

本は、一月二十日できるらしいです。ガンバリましたが、「苦海浄土」という題になりました。上野さんと石先生がショウチュウのみながら、私のお経の本をもてあそび賞金五万円などいいながら、いいならべ、その中からいいカゲンにつけ、販売部で気に入って、きめられてしまいました。いやでもおうでも冥せざるをえません。おととい、あとがきなるものをかき送りました。忘れていたわけではなく、すっかりおっくうになって。このごろ「ふてね」というやつをやって目をやすませています。

（「渡辺京二宛て石牟礼道子書簡」六八年一二月一八日）

「私のお経の本」とは何か。『弘法大師和讃』であろう。『苦海浄土　わが水俣病』のエピグラフとなる「繋がぬ沖の捨小舟《すておぶね》　生死《しょうじ》の苦海果《くがいはて》もなし」という一文が和讃にある。「有縁《うえん》の浄土」や「忽《たちま》ち浄土」など「浄土」も頻出する。その敷地の一角に仕事場を設けた熊本・真宗寺の親鸞聖人御遠忌《ごえんき》（一九八四年三月）の際、道子は「村のお寺」の題で法話をしている。

「小学校に入りますまで新聞も家の中にありません。絵本とか、ともかく本というものがありませんでした。いま考えるとお経の本がありました。いや、お経の本じゃあなくて、（石工集団を率いて裕福だった）祖父が四国に御参りを二へんぐらいやってまして、それから祖父の姉妹たち、つまりわたくしの大伯母たちがやはり巡礼に行きましたが、そのときの御詠歌集なんですね。仏さまの部屋にありまして、唯一それが本といいますか、本のかたちをしたもの、文字を書いたものがあった、そういう生い育ちでございました」

浄土真宗の道子の家に真言宗の経本（『弘法大師和讃』）があるのは不思議に感じられるが、道子の祖父松太郎や大伯母らが四国巡礼の土産に『弘法大師和讃』を持ち帰ったのであれば納得できる。

英信と弘という同時代的な横のつながり。松太郎が介在した歴史的な文献とのつながり。『苦海浄土』という題名が、歴史的にも同時代的にも幅の広い、おおらかで親和性に満ちた人間関係の中から自然に生まれ落ちたという事実に感銘を誘われる。

渡辺宛て道子書簡に戻る。「おととい、あとがきなるものをかき送りました」にも注目したい。『苦海浄土　わが水俣病』単行本時のあとがきは、「もはやそれは、死霊あるいは生霊たちの言葉というべきである」など道子節が展開される、幽明の道をひとり行くかのような、それでいて水俣病事件のツボをおさえた独自の語りから成る。それが「いやでもおうでも冥せざるをえません」といういわば失意（?）のときに書かれたのは意外である。

道子は六二歳のときの歌集に「海と空のあいだに」というタイトルを付している。二〇一五年、八八歳の道子に「「海と空のあいだに」という言葉をどうしてものこしておきたかったのですね」と確かめると、「はい、はい、そうです」とうなずいた。

第九章 菜の花の夢

一九六〇年代は水俣病問題が「静」から「動」へと劇的に推移した一〇年だ。六〇～六五年は「水俣病は終わった」と言われた時期。六五年に新潟水俣病の発生が確認され、終わっていたはずの熊本・水俣病の被害の底知れない深さが隠しようもなくなる。患者救済に向けて支援者らが動き出す。加害企業と行政が結託した患者圧殺の動きも顕在化する。

公害認定（六八年九月二六日）で水俣病は一挙解決どころか混迷の度を深める。市主催の水俣病犠牲者慰霊祭が同月一三日開かれた。補償交渉を有利に運ぼうとするチッソの布石のひとつである。さらに同二九日、水俣市発展市民大会が開かれた。「〝水俣市発展市民大会〟は患者からボイコットされ、〝合同慰霊祭〟は市民からボイコットされることで、病む水俣の姿を象徴的に表現していた」（『苦海浄土　わが水俣病』）

水俣病患者家庭互助会は同月一五日、会社への要求額を死亡者一時金一三〇〇万円などと決める。チッソは「わが国初の公害補償。物差しがない」と態度を保留。厚生省は六九年二月、「白紙委任状を提出するなら第三者機関をつくる」と言明し、患者とチッソに対し、確約書（白紙委任状）を出すよう迫った。互助会は会社に補償を要求する「訴訟派」と確約書を提出した「一任派」に分裂した。会社と行政が結託した権力複合体とでもいうべき怪物が患者を蹂躙《じゅうりん》しようとしている。

水俣病対策市民会議発足（六八年一月）以後、水俣病を告発する会結成（六九年四月）までの支援者の動きを、支援の中枢近くにいたNHKアナウンサー宮沢信雄（一九三五〜二〇一二）の日記（『暗河』七三年創刊号、七四年第二号）をもとに追ってみたい。

六七年六月、宮沢が熊本に赴任した当初、「水俣病は過去のことだ」と宮沢自身、水俣病に関心はなかった。「ただごとでない」と思ったのは、熊本日日新聞が「互助会は公害認定があっても訴訟しないことを再確認し、会員から確認書をとった」と報じてからだ。石牟礼道子に宿命的文明論を語ると、道子は笑いもせず「あなた方（マスコミ）のような人のなかにも、そういう考え方をなさる人がいるんですね」と答えた。

六八年九月五日、宮沢は、患者支援のネットワークづくりを模索する毎日新聞の三原浩良とNHKの松岡洋之助のふたりが今後の展望について意見を交わすのを聞いた。「渡辺京二氏のことが話題になり、このあいだ誰かと電話で言い争っているうちに、『今からとんで行くから、そこを動くな』と飛び出していった、などというエピソードが語られたのをおぼえている」（宮沢信雄「水俣病日誌」）。渡辺は常識のワクからはみ出てしまう宿命を負っているのか。「武闘派・渡辺京二」のイメージはこうして流布する。

六八年九月一三日、三原と石牟礼が「患者の家を回る」というので宮沢は同行する。「茂道の杉本さん。主人夫婦が患者ということ。いい人たちだった。奥さんは水俣病の影響なのか、それとも強いナマリのせいなのか、ほとんど話がききとれない。石牟礼さんはよくわかるらしい」(同)

六八年一〇月一八日、水俣市の水俣病対策市民会議と同等の、あるいはもっと行動力のある組織を熊本市につくる話し合いがあった。宮沢は夜、「おきく」という焼鳥屋にいく。渡辺京二、藤川治水、久野啓介、あとから畠田真一も来る。早く店についた宮沢は渡辺とふたりきりになる。会話もなく、気まずい。

このときぼくは渡辺京二さんとはじめて出会った。おきくに一番早く相前後して着いた渡辺さんとぼくは、お互いに名乗り合っただけで、ほかの人たちが来るまでのあいだ遂にひとことも話をせず坐っていた。以前から聞いた話から想像していた渡辺さんは容貌魁偉な偉丈夫のはずだったが、実際には、熊本で会った人の中でも最も端正なというべき人で、ぼくはその意外さに驚いてしまった。きちんとネクタイを締め、端然と坐っていた。黙って煙草を吸っている間にも、むき出しになっている神経の震えのようなものが伝わってくる感じで怖ろしく、早く三原さんが来てくれればいいがと、思い続けていた。あとで上村さんから聞いたところでは、その頃まで渡辺さんは「熊本風土記」発行でかさんだ借金を背負い、生活のたて直しのために英語塾を軌道に乗せようと、苦闘していたのであった。

(宮沢信雄「水俣病日誌」)

会合ではまず三原と久野が現在の問題点を整理した。「公害認定以後水俣市の世論は再び互助会や市民会議を孤立させる方向で動いており、補償が望ましい方向へ進むためには、何らかの精神的物的援助が必要だろう」（同）。渡辺の態度はこの場にいる者らの予想を裏切るものだった。きっぱりと拒絶的なのである。渡辺の発言を宮沢は書き留めている。

自分はこの問題にあまり深入りしたくない。自分が患者だとしても、放っておいてもらいたいだろう。ひとつ水俣や原爆だけが悲惨な犠牲の状態だというわけでなく、むしろわれわれ皆のおかれている状況そのものが、人間性を否定するようなものであることが問題である。自分は石牟礼さんひとりにこの問題をやらせていたということから、彼女への免罪として一口乗りはするが、あまりわずらわしいことはやりたくない、とはっきり言う。そして、「熊本風土記」で水俣問題の特集号を出すことによって、かんべんしてもらいたいと言うのであった。（同）

三原は衝撃を受けた。左派の正統派論客と思っていた渡辺は真っ先に賛同してくれると思っていたのである。久野が「人間みながそういう悲惨な状況にあることが問題だということはそのとおりだと思う。しかし、その悲惨の度合がより強い者を……というふうには考えられないだろうか」と懐柔をこころみる。渡辺は、分かっていないんだな、という顔をするばかりである。

それでも渡辺は「あくまでも反対」というわけではなく、「会を作るとすれば発起人の中に加わることはよいということになり、今度は会の形をどうするかでなかなかまとまらなかった」(同)。三原と久野が趣意書を書く。『炎の眼』や新文化集団で個性的メンバーを取りまとめてきた渡辺の強力なリーダーシップを期待した三原らには不完全燃焼の会合となった。行き当たりばったりの会合は、渡辺にとっても不本意だったろう。

「おきく」の会合から約半年後、渡辺は突如、「チッソ正門前座り込み」という乾坤一擲《けんこんいってき》の挙に出る。座り込み五日前の六九年四月一二日、「午後八時半に集まれ」と渡辺の使いが関係者宅を回った。チッソの不当さに座り込みによって抗議しようという相談なのだ。「おきく」での渡辺の冷たい態度の印象が生々しい宮沢は「「座り込み」という行動への変化がよくわからない」と首をひねった(同)。

二〇一九年、雑誌のインタビューで「最初は嫌だと言っていたのをやるようになったのはなぜですか?」と問われた八八歳の渡辺京二は次のように述べている。


まあ、やってやらにゃんいかんねという気持ちになったんですよね。どうしてなったかは別にして。やるからには理屈をつけにゃならんからね。そこで理屈を付けたわけだ。宮沢信雄あたりはどうしてかなと思っていたらしいが、そんなこと知ったこっちゃない。勝手にいろいろ思っときゃいい。

(『幻のえにし』所収「渡辺京二　二万字インタビュー①」)

「変化がよくわからない」と宮沢が首をひねるのも当然という気がする。「勝手にいろいろ思っときゃいい」は無責任な言い方に聞こえる。しかし、説明しても分からないだろうという思いが、「勝手に〜」と言わせるのかもしれない。厚生省占拠のときの渡辺の伝説的セリフ「理屈を言うな、これは浪花節《なにわぶし》だ」を想起させる。水俣病闘争を回顧する講演などで渡辺は「患者の状況が非常に孤立的」などと支援に身を投じた理由（理屈）を語ってきたが、実はそれは本当の理由ではない、と渡辺は言っているのだ。

石牟礼も渡辺も亡くなったいま、「本当の理由」は闇の中である。しかし、ふたりの手紙や日記はのこっている。それをたどることで「本当の理由」に近づけるかもしれない。存命だったとしても、当時の意識からは遠いのである、「本当の理由」を語るとは限らない。じかに聞くよりも文献の方が実際に近い場合がある。六九年春、石牟礼道子は次のように渡辺京二に書き送っている。道子四二歳の誕生日である。

さっきデンポウが（なんと祝電が）来て、何事ならんと受けとってみたら、アローからの祝電で「タンジョウビ　オメデトウゴザイマス　アローデカンパイシテイマス　ヤツイ」とありました。私はそれまでタン生日のこと全然しりませんでした。かつてただの一度も知っていたことはありません。ひょっとしたら渡辺さんもいらっしゃるかも、と思いました。

ほんとうに私の歴史も一サイクル終りました。暗転の幕が降りたのです。雪景色の中で。こんなこと、生まれてはじめて。四十二年目にタンジョウイワイのデンポウをもらうなんて、童話だなァ、さあ雪の中をかけださなきゃ、と思ったものの、外は雪でなく雨で、私は足なえになっていました。ほどなく、「石先生」のお帰りで、ヤキトリのおみやげ。「今日は飲まずに来たばい、ヤキトリ。三月十一日ばい」

さっきから、私はクロ（大きい方の猫）を抱いて座っています。いまさき、とつぜん、ねむっていた先生が、ガッとごはんを吐きました。私はそれを始末しました。先生はねむれないらしくタバコを吸う気配がします。この人は近ごろたいへんはにかんでものをいいます。とても神経を使っているみたいです。当然に私も気の毒で、口数がきょくたんに少くなりました。

私は一体何をいいたいのか。私自身の不幸感は私自身で処理せねば——とながい間、処理してきました。たいがいのことは許せます。ひとさまのことは。いやそのへんのことになるとあやしい。ひょっとすると、自分だけをゆるして来つづけたのではないか。だから、これほどまでに永生きできたのでないか。よっぽど私は恐しい人間ではないか、つまり自分本位な人間ではないかと、息がつまりそうです。私はいつも自己断罪をしそこなっている人間です。それを語れといわれれば、途方もないロングの世界を巻きもどさねばならない。それを語る必要は恐らくないでしょう。ただねむれないだけです。いやいやいつもねむりつづけていますから。

やはりジャーナルのことは重い。食べることがかかればなお青ざめるおもいです。それより重いのは水俣病のなりゆきです。決して決して渡辺さんに市民会議のことなぞ、お心にかけさせてはならぬと思いつづけて来ました。あれは私にとってはじめから、ゼロから、さらなるゼロを生む作業の確認ですし、状況そのものもそうなのです。ひとりで荷ってたくさんです。こんな、バカなこと。市民会議なんてどうしてこんな名前をつけたんでしょうね。私ははずかしいのです。

（「渡辺京二宛て石牟礼道子書簡」六九年三月一一日）

『苦海浄土　わが水俣病』が刊行されて二ヵ月がたつ。この手紙がなぜ切迫した調子なのか、なぜ道子が告解モードに入っているのか、理由は分からない。分からないが、道子が「自分」なるものをさらけだそうと懸命なのは分かる。電報の「ヤツイ」は喫茶アローの店主、八井巌。既にみてきたようにアローは渡辺と道子の行きつけの店である。

「やはりジャーナルのことは重い」というのは、手紙を書く前日、『朝日ジャーナル』の連載を引き受けたことを指す。ジャーナルでの連載開始を橋本憲三に報告に行き、憲三から「それは大変だ。乗り切らねばなりませんね。そのことを口実にして高群逸枝雑誌の連載を休んではいけませんよ。あなたはナマケモノだからなあ。平気でサボル。いや大変だ。現地へゆかなきゃなりませんよ、あなた、三ケ月、いや、半年、いや、こりゃしかし、ボクはさみしくなるなあ」と言われた。当時、憲三は道子の師匠格であり、何かあるといちいち憲三に報告していたのである。

「私ははずかしいのです」につづいて、「なんだかほんとうに深みにはまってしまった感じで、でもそれとて幻想の沼ですから、ぱっくり地割れしてみなみな呑みこまれてしまうのです」と書いて、黒線で削除している。手紙はつづく。

私の心の中はやさしい歌をうたっていて、それだけがうつくしいといえばうつくしく、歌などは自分のためにしかうたえないものですね。高浜さんはそれがおきらいなのでしょうね。渡辺さん、どうか体をコクシなさらないで下さい。どうかどうか、お子たちとあつこさまのこと、私はどんなことでもいたしますから。おねがいします。私は祈ることのできる女です。

三月十一日夜、やがて夜があけます。道子。

（同、六九年三月一一日）

手紙の欄外に「私のみならず、だんだん水俣の人たちがぞろぞろ押しかけて、ごめいわくかけ、私はとても心苦しいのです。すみません。ほんとうに」と追伸のおもむきで書いている。道子は渡辺に市民会議には加わってほしくなかった。誘いもしていない。市民会議は労組員主体であり、民衆自身の闘争を夢にえがく渡辺とおよそ思いの質がちがう。道子自身は市民会議に加わらざるを得なかった。新潟水俣病の患者や支援者と連携せねばならないのに、水俣は支援組織ゼロでは困るからだ。「はじめから、ゼロから、さらなるゼロを生む」という悔悟の言葉に加え、「ひとりで荷ってたくさんです。こんな、バカなこと」と、やむを得なかったのだという気持ちをにじませる。

新たな支援組織をつくってほしいと道子は渡辺に言っている。新組織結成のあかつきにはいまより渡辺への負担は増すわけであり、「どうか体をコクシなさらないで下さい」というのは分かる。しかし、以下の「どうかどうか、お子たちとあつこさまのこと、私はどんなことでもいたしますから。おねがいします」は、「どうか体をコクシなさらないで下さい」のセンテンスとどうリンクするのかいまひとつ不透明である。患者支援が始まれば渡辺の家庭についやす時間が減るという意味なのか。「私は祈ることのできる女です」とは意味深長である。その意味はふたりにしか分からない。渡辺の返信は以下の通りである。


僕はこの数日バカのようにねむってばかりいます。一日十二時間ばかりねむります。それでも夜中に目がさめ、二、三時間、どうしようもない思いでねがえりをうったりしています。仕事は徹底的にさぼっています。体を酷使などとんでもありません。徹底して自分をあまやかしているのですから。時々あの絵描きさん——名が出てこない——の「運動不足」という言葉を思い出し、あまりにも真実をうがっているので、おかしくなります。このぶんでは遠からずおなかが出て来るでしょう。何もせず、怠けてブラブラしていて、しかも悲しくて悲しくてたまりません。一体なぜこういうことになったのだろう。ついこのあいだまで、世界中のすべての人間と決裂しても生きて行けると思っていたのに。

人を信じ、人を愛するということはまったく悲しいことです。信じざるにしかず、愛せざるにしかず。僕の精神の平衡はどうやらそういうみみっちい限定の上に成り立っていたらしい。若いころ僕は人が悪くなろうと一念発起し、告白ということをすまいとかたく決心したものでした。その結果か何か知らぬけれど、僕は人を容易に近づけない男、自分の心をひらかない男という定評を得て来たのですが、あなたにはおわかりでしょう、僕の人格はきわめて感傷的、きわめて軟弱、理性なんて全く欠如、ただ「情」だけで成り立っているのです。

自分の分析など全くこの世で最もつまらないもののひとつでして、こういう種類のこと僕は久しぶりに書きました。やめましょう。僕がどういう人間かという問は結局ナルシシズムでしかないのだから。どうだっていいんですが、でも僕のなかで「さびしい、さびしい」といっている魂は、何か全体的なもの、球のようなもの、いや宇宙全体を包含する統一のようなものに合体したくて、かわいている魂は一体どうなるんでしょう。こういう欲求に関係のないらしい人間、それにきっぱり決着をつけてしまえる人もいるらしい。でも僕はそうできないのだから。

（「石牟礼道子宛て渡辺京二書簡」六九年三月一六日）

自分をさらけだそうと懸命な道子に応えるかのように、渡辺も自身のことを懸命に語っている。さらけだすというより、掘っている感じがする。心のひだを一枚一枚はいでいって、地殻の下のマントル、さらにその下の魂に迫ろうとするかのようだ。「何か全体的なもの、球のようなもの、いや宇宙全体を包含する統一のようなものに合体したくて」掘るのである。大いなるものへの合体の欲求はふたりとも強いのだが、どうすればよいか具体的には分からない。まずは自分をさらけだそう。そこから始まるとの思いがふたりにある。

現代は女をだめにする時代です。解放などナンセンス以上。こんなに女がだめになった時代がありましょうか。でも、わかってほしいのは、僕が女に対してもっている尊敬です。母と姉に育てられた僕は女を侮蔑することができません。そして僕がこんなに自分についておしゃべりしたのはあなたが女だからです。僕はあなたから口かせをかまされたような気がしているのです。自分に対して、〝すきだ〟と口に出すなと。だから僕はそれを変型して、ごてごてと世迷いごとをならべたてたのです

こういうことを書くつもりではありませんでした。熊本と水俣との間に細い糸ほどの連帯をうちたてる可能性について、その上に展開されるべき事業について書きたかったのでした。本来僕はそんなにでれでれした男ではありません。

今後、われわれが何か具体的な事業を展開できるとすれば、それは水俣と熊本の最良の要素を結合することによってのみ可能だろうと思います。長期のプランを作る必要あり、人をえらび出し、人を育てる必要があります。お会い出来た折にこのことお話ししましょう。

「朝日ジャーナル」の連載、きまって結構でした。ジャーナルの連中はあなたに対して、編集者としてのもっともよい心根を発揮しているようで、僕も「よし、よし」と彼らをほ

めてやりたい気持です。目の治療の件、真面目に考えて下さい。熊本にいらっしゃれば、お伴します。

（同、六九年三月一六日）

渡辺書簡の目的は、「熊本と水俣との間に細い糸ほどの連帯をうちたてる可能性について、その上に展開されるべき事業について」伝えることにあった。「水俣と熊本の最良の要素を結合する」ことについて、もっと具体的に書くつもりだったのだろうが、思いが胸にあふれて、そうできなかった。意に反し、つい、自分のことを書いてしまう。あれも、これも、手応えのあることはさらに深く、それは相手のことをもっと知りたいというのと同じことだ。道子が渡辺のこの手紙を受け取ったあと、ふたりは会っている。

お会い出来、そしてお話出来て、僕の心もいくらか静まって来たことを感じます。あなたとともに破滅することは、すでに覚悟も用意もできていることにすぎません。ほろびたいという欲求は僕の中に深く棲みついており、あなたとなら僕はいつほろんでもよいのです。それはあまいあまいよびかけです。ただ、僕はそうしてはいけないのでしょう。責任というものがありましょう。あなたがその責任を僕に誓わせてくれるようなひとであることに、僕は感謝すべきなのです。この世でたった一人の人間を愛せばそれでいいのなら、この世は何と住み易い世の中であることでしょう。あなたと地の果てをさすらって死ぬことは、決して僕に許されることのない幸福です。あなたの中にはあまい死へのいざないの音が流れています。誰か、それに魅き入れられぬ男がありましょうか。バリケードの上で死ぬような調子のよい死は運のよい人間だけが恵まれるものにちがいないのですが、もし僕たちがともに死ねるところがあるとすれば、それはただバリケードの上でだけなのです。それゆえに、戦いましょう。僚友すべてわれわれのまわりを去ろうとも。

（同、六九年三月一九日）

「あなたとなら僕はいつほろんでもよいのです」。恋愛関係という言葉では言い足りない。熱愛など安っぽい言葉で括りたくない。関係は〝魂の連携〟とも言うべき新たな段階に入った。渡辺は闘争に邁進することを決めた。石牟礼と生死を共にする。「あなたの中にはあまい死へのいざないの音が流れています」と看破するとは、渡辺は鋭敏である。水俣の浜以来、生と死の渚にずっと道子はたたずんできた。「僕たちがともに死ねるところがあるとすれば、それはただバリケードの上でだけなのです」とはなんと直截に言い得たことか。

水俣からの帰途、たそがれの美しい風景を見ました。崖の上に夕空を背にして菜の花がそよいでいる夢のようなけしきを。悲しかった。

「読書」と週刊朝日の書評読みました。朝日の書評はかなりよく読めた書評だと思いました。今まで僕が見たうちではいい方だと思います。この間お話しし忘れたのですが、あなたの本、長崎書店でベストセラーの八位だか、九位だかになっています。ただあなたのあの本は、本質的には少数の読者のためのものですね。

水俣の街がなつかしい。あなたがいるというだけで、水俣の街が不思議に美しくなる。あなたに伝えたいことがあります。沢山あります。ここに書けないようなことも。口でしかいえないことも。どうか、その口にせぬ言葉も聞いて下さい。あなたの耳にはきっと聞えるはずです。それがあなたの慰めになることを念じます。（同、六九年三月一九日）

「僕たちがともに死ねるところがあるとすれば、それはただバリケードの上でだけなのです」という言葉が示すように、プライベートな関係を超えて水俣病闘争という公的な領域に踏み込まざるを得ないことをふたりとも感じ取っている。

「水俣からの帰途、たそがれの美しい風景を見ました。崖の上に夕空を背にして菜の花がそよいでいる夢のようなけしきを。悲しかった」。一切が夢だと言われても納得してしまいそうな、ここ数日の事態の推移である。ふとわれに返ったらすべてが壊れてしまいそうな、手応えもあやうい世界であるが、夕空を背に、菜の花がそよぐ夢のような景色はいま石牟礼道子と渡辺京二のものである。


道子さん、あなたの歌があまりに苦しく、僕は逃げ出してしまいました。あまりに美しいので、何か激烈なもの、孤独なものに身をさらしたく、夜風の中に出たくなったのです。歩いて駅まで行きました。寒かった。ぶるぶるふるえているうちにやっと一番列車が来ました。あなたの歌には深い放棄の念と、もっとも底辺的な愛がこもっており、僕は死の島に船人をさそうというサイレンの歌のようにそれを聞くのです。僕はうぬぼれてそう思いたいのですが、あなたの歌はみんなの前で僕への思いを語ってくれたのではないだろうか。寝たふりをしていて、僕は息が詰まりました。あの場の男衆に対してほとんど自分が犯罪的であるように感じました。感慨無量というのはそういう気持をいうのでしょう。あんなにしあわせなことはなかった。そして身ぶるいが出るように苦しかった。あなたがふとんをかけてくれたこと、うれしかった。破れかぶれな気持で、当然のような顔をしてねたままでいたのです。

（同、六九年三月二〇日）

水俣の道子の家で会合があったのだ。魂の邂逅と言うべきものを果たしたふたりではあるが、会合では知らん顔をするしかない。すぐ顔に出る渡辺とちがって、道子はタヌキである（失礼）、ポーカーフェイスである。この日も自然にふるまって、内なる激情をひとかけらもあらわすことはなかっただろう。

　このごろ僕は夢を見なくなった。昼が夢のようだから、夜、夢が僕をおとずれなくなったのだろう。そのかわり、ねいりはなに、ふっと視野の斜あたりにあなたの像がうかび、はっとおびやかされることがある。

　熊本で水俣病行動の会を作ります。明日の会でそのことも相談します。僕はようやくこの問題に思想的にコミットしはじめた自分を感じています。具体的には熊本で人を集めて会社の前にすわりこもうと思っています。交替制で長期継続的にです。

（同、六九年三月二〇日）

ここで渡辺が言う「水俣病行動の会」が「水俣病を告発する会」であるのは言うまでもない。「僕はようやくこの問題に思想的にコミットしはじめた自分を感じています」という一文が注目される。「おきく」以来ナゾだった「本当の理由」を語るときがきた。道子の思想に共鳴するから、水俣病問題にコミットする、というのである。魂が通じ合った女性のために一肌脱ぐ。そういう事情なので、患者支援の理由というのは渡辺にとって後付けになる。「勝手にいろいろ思っときゃいい」と渡辺が吐き捨てるように言うのは当然である。

渡辺京二は六九年四月一七日、水俣工場正門前に座り込んだ。その前段階として、座り込みへの参加を呼びかける手書きのビラを同一五日に熊本市で配っている。そのビラの文言こそが、規約も行動規則もなかった水俣病を告発する会の〝憲法〟となるのだ。

水俣病問題の核心とは何か。金もうけのために人を殺したものは、それ相応のつぐないをせねばならぬ、ただそれだけである。親兄弟を殺され、いたいけなむすこ・むすめを胎児性水俣病という業病につきおとされたものたちは、そのつぐないをカタキであるチッソ資本からはっきりとうけとらねば、この世は闇である。水俣病は、「私人」としての日本生活大衆、しかも底辺の漁民共同体に対してくわえられた、「私人」としての日本独占資本の暴行である。血債はかならず返済されねばならない。

（渡辺京二・小山和夫「水俣病患者の最後の自主交渉を支持し、チッソ水俣工場前に坐りこみを」）

小山和夫と連名になっているが、小山は渡辺の塾で働く渡辺の弟子筋の人。〝渡辺の使い〟として労を惜しまない小山に花をもたせるため連名にしたのだろう。ビラは渡辺ひとりで六九年三月下旬から四月上旬にかけて書いたのである。「業病につきおとされた」「カタキであるチッソ資本」「この世は闇である」「血債はかならず返済されねばならない」など前近代的文言のオンパレードである。座り込みを呼びかけるビラは石牟礼の代弁でもあるのだから、「前近代からのチッソ（近代）への問いかけ」という石牟礼のスタイルを踏襲しないといけない。

「死」の気配が道子宛て渡辺書簡には濃厚である。死へといざなう道子に近づこうとするあまり、この世にありながら、死と隣り合わせの世界へ渡辺は入り込んでしまった。そこは生と死のはざまであり、夢とうつつがせめぎあう、「もうひとつのこの世」としかいいようのない世界である。「水俣からの帰途、たそがれの美しい風景を見ました。崖の上に夕空を背にして菜の花がそよいでいる夢のようなけしきを」

道子が患者に憑依して書くように、渡辺も書簡を架け橋として道子に憑依し、言葉を拾っていったのだろう。熱いビラは熱い手紙の延長線上にあったのだ。熱情だけでなく、患者を取り巻く状況を客観的にみつめる能力も渡辺にはあったから、公害認定以来の国の筋書きを具体的に推し量ることもできた。

いわく、国は公害問題の後始末に取り掛かった。チッソには一定のワリをくわせて泣いてもらう。しかし、化学工業界＝巨大資本にとっては「カスリ傷」にとどめる。「仲裁に応じない患者家族は「身から出たサビ」として問題解決のレールからしめだす」というのである。

六九年四月二〇日、渡辺の呼びかけで「水俣病を告発する会」ができた。『新熊本文学』以来の渡辺の盟友である本田啓吉が会の代表になった。同年六月一四日、水俣病訴訟提訴の日、本田は「義によって助太刀いたす」と挨拶した。原告団長の渡辺栄蔵は「今日ただいまから、私たちは、国家権力に対して、立ちむかうことになったのでございます」と述べた。渡辺京二は「もっとも基層におって、法律のことも知らなきゃ、政治のことも関係ない、そういう民がですね、初めて自分の言葉で裁判というものに対処する姿勢を訴えたわけですね」（九〇年一二月の熊本・真宗寺での講演）と民衆自身が道を切り開く闘争が実現するかもしれないという手応えを得たのだった。

「義によって助太刀いたす」も、石牟礼が好む「呪殺」「バビロニア」「同態復讐法」などの言葉も、座り込みへのあの渡辺の呼びかけ文の「カタキであるチッソ資本」「血債はかならず返済されねばならない」などを思い浮かべると腑に落ちやすい。前近代による近代への異議申し立て。「もうひとつのこの世」の菜の花の夢のつづきのように浮かんできた前近代的な呪術的文言を闘争の柱に据えるのである。

渡辺の指導者としての手腕が冴えたのは七〇年五月の厚生省占拠の際である。訴訟派とは別の道を歩む一任派の補償金額が五九年の見舞金契約並みの低額になる可能性が強まった。厚生省の補償処理委の回答を阻止せねばならぬ。「全存在をかけて処理委の回答を阻止する」と表明した渡辺に支援の学生が「全存在をかけるなんてできるわけがない」と異議をとなえた。「小賢しいことを言うな。これは浪花節だ」と渡辺は一喝した。

厚生省五階の補償処理委会場を占拠した渡辺ら一三人は逮捕された（三日後に釈放）。低額回答を患者は受け入れざるを得なかった。一方で占拠行動は全国に共感の輪を広げ、全国一三カ所に告発する会ができた。東京・告発する会の砂田明ら一〇人は白の巡礼姿で東京―水俣の徒歩での巡礼を敢行。カンパを受けとった患者らは「支援が全国に広がるとは思いもしなかった」と喜びに泣いた。

川本輝夫の自主交渉闘争を支えたのも渡辺である。「左翼的な組織論もなければ、戦略戦術もない。そんなものは何もない。なくてもちゃんとできるんだっていうことを示してくれている」という川本を評価。渡辺は学生を指揮してチッソ本社の廊下を占拠し、川本ら患者とチッソ首脳との直接交渉をサポートした。

「わしの小指を切んなっせ。社長の指もわしが切る。おなじ苦しみならよかたい。いっしょに苦しもうじゃなかな」「誰もみとらんところで、ひとりで死んだぞ、おやじは。そげんした苦しみがわかるか」。社長に迫った川本の言葉が闘争のクライマックスのひとつである。川本らが自由にものをいう環境をととのえたのが告発する会。渡辺が夢みる「大衆自体が担う闘争」が実現するのかもしれなかった。

七三年三月、水俣病訴訟原告勝利。訴訟派と自主交渉派は合同でチッソとの補償交渉にのぞんだ。裁判重視の市民会議、自主交渉支持の告発する会、支援者の方針のちがいが表面化した。川本、石牟礼、渡辺を「過激派」と呼ぶ市民会議のリーダー、日吉フミコが「市民会議は（告発する会に）患者をおっとられんごつ、しっかりおさえとかにゃ」と言い放つ。石牟礼道子が市民会議の打ち合わせから締め出された。道子は告発する会に重点をおいているが、市民会議の発足以来のメンバーである。

闘争への起死回生の道を開いたのは『熊本風土記』である。この雑誌がなければ石牟礼と渡辺の熱は生まれようがなく、闘争も実現していない。七三年夏まで補償交渉はつづくのだが、交渉の一線から石牟礼と渡辺が退くのは当然だった。「もうひとつのこの世」という名の共生の幻は砕けた。菜の花の夢は終わった。

第十章 ぼくの思う革命

前章では『熊本風土記』終了後の、水俣病闘争の概略を述べた。闘争の詳細については拙著『水俣病闘争史』（二〇二二年）を参照してほしい。一方、本書の主人公はあくまでも『熊本風土記』なのだから、どのような雑誌だったのかここでまとめておきたい。

「はじめに」でも記したように、『熊本風土記』は、石牟礼道子『苦海浄土　わが水俣病』の初稿「海と空のあいだに」の掲載誌として記憶されていることが多い。雑誌そのものが調査や研究の対象となることは少なく、「「海と空のあいだに」の掲載誌」と片づけられるのが一般的である。

「同人誌」と呼ばれることがあるが、「同人誌」とは志を同じくする仲間（同人）が資金を出し合って経営、編集、発行をする雑誌のことである。渡辺京二個人が経営、編集、発行をおこなった『熊本風土記』は「同人誌」ではない。

「文芸誌」に分類されることもある。「文芸誌」とは小説や詩など文芸に比重をおいた雑誌であり、一般的には、大手出版社が発行する『文學界』『群像』『新潮』などの呼称だろう。文芸のみならず民衆史、差別問題、タウン情報にも目を配った『熊本風土記』は「文芸誌」の名で括れない。

強いて言えば「総合誌」なのだが、「総合誌」とは『文藝春秋』『中央公論』など論壇に影響を与える大手出版社の発行物という印象がある。個人経営で影響力も熊本限定だった『熊本風土記』にはそぐわない。

一九六五年末の熊本に突如あらわれた『熊本風土記』はどのように受け止められたのだろうか。「正体不明」案件として扱われたことは想像に難くない。「同人誌」でも「文芸誌」でもない。分類できないというのがまず怪しい。熊本で発行されてきたリトル・マガジンには左派や右派の運動体の色がついているのが通例である。熊本で有名な荒木精之の『日本談義』は右派を象徴する雑誌なのである。『熊本風土記』にはその色さえない（新文化集団発行という左派の色はあるが実際は渡辺の経営、編集、発行なので色は希薄）。

『熊本風土記』創刊号裏表紙には熊本の鶴屋デパートのご祝儀的な全面広告が出ている。当時、九州屈指の優良企業。広告は一回限りだった。第二号からは姿を消す。「よくわからないが一回だけお付き合いしましょう」という熊本経済界の基本姿勢がみえるようである。

福岡・筑豊の「サークル村」の影響を受けた熊本の「新文化集団」が『熊本風土記』のいわば母体となる。「新文化集団」の源流は『炎の眼』『蒼林』『阿蘇』という熊本の同人雑誌群である。もっとさかのぼると共産党系の雑誌群に行きつく。共産党シンパとして文学・思想的活動を始めた渡辺京二の軌跡をたどることで相関図のようなものを浮かびあがらせることができないか。これまでの記述と重複する部分もあるが、やってみる。

渡辺は第二次大戦終了後、大連時代に「マルクス主義的思考が身についた」。四七年に帰国。四八年、共産党入党。新日本文学会に入り、新日本文学友の会機関誌『地層』『文学の友』一、二号を発行。二号に初小説「病院船」を発表している。四九〜五三年、結核療養所再春荘で過ごす。療養よりも党活動を優先し、細胞（班）づくりに熱中して無断外泊を繰り返す。警察の家宅捜索も受け、模範患者とは言い難かったようだ。

再春荘を出て、新日本文学会の熊本支部再建に尽力。五〇年の共産党分裂に伴い、新日本文学会は「分派」として党から除名される。熊本支部の機関誌『新熊本文学』も中断している状況だった。渡辺は五四年から『新熊本文学』を再び発行し、本田啓吉、上村希美雄、熱田猛らが書き手として名をつらねた。

五四年には党内の分裂が修復され、「分派」として除名されていた人たちが復党。『新日本文学』の復権である。当時、熊本には「分派」の『新熊本文学』に対抗する主流派の『熊本文学』があった。共産党系のふたつの雑誌がしのぎを削っていたわけである。谷川雁が詩集『大地の商人』を出して台頭したのが五四年。渡辺らの『新熊本文学』は五五年、『熊本文学』を吸収。メンバー拡大に伴い、活版印刷になった。

筆も弁もたつ谷川は渡辺に接近する。谷川から渡辺は「『新熊本文学』のメンバーの中で話すに足るのは君だけだ」と言われたりしている。五六年、渡辺は共産党を離党。党中央の武装闘争路線放棄や海外での共産党の独裁的暴走に失望したのである。「もっと文学活動をやりたい」という気持ちの強くなった渡辺は『新熊本文学』を飛び出し、上村、藤川治水らと、党とは完全に切れた『炎の眼』を五七年に創刊する。『炎の眼』は新文化集団につながり、新文化集団から『熊本風土記』が生まれる（渡辺京二の経営、編集、発行なのだが、対外的には一時期、新文化集団による経営、編集、発行と称していた）。そういう流れである。

つくっては壊し、壊してはつくる渡辺は、スクラップ・アンド・ビルドの権化のような人という印象である。仲間の中には渡辺についていけず、たとえば『新熊本文学』の本田啓吉は『炎の眼』参加を断った。その一方で本田は六九年に渡辺の創設した「水俣病を告発する会」の代表に渡辺に頼まれて就任するなど基本的な信頼関係はずっとつづくわけである。

渡辺の三〇歳前後の日記には、大切な二〇代を共産党に捧げてしまった後悔の念が再三表明される。渡辺としては『熊本風土記』で裸一貫、これまでのいきさつはぜんぶ捨て、文学的・思想的リテラシーのすべてを注ぎ込む覚悟だったのだろうが、いかんせん、渡辺本人に色がつきすぎている。周囲は、共産党系の理屈っぽい男がまたなにかやっている、と思うだけである。渡辺のアタマの中の化学変化に周囲がついていけていない。

結局、『熊本風土記』の敗因としては、市場が成熟していない、雑誌の対価としてカネを払うという意識すら熊本では浸透していなかった、エリアも熊本だけでは狭すぎる、ということが挙げられよう。渡辺の雑誌づくりへの葛藤や思想的遍歴などは知らぬまま、石牟礼道子ひとりが、心配顔で寄り添っていた、というのが実情ではないだろうか。『熊本風土記』とは一二冊の小冊子であり、それは何かと問われれば、「「海と空のあいだに」の掲載誌」と答えるしかない、というのが私（筆者）の感想であり、結論である。

むろん、話はそれで終わらない。「海と空のあいだに」の掲載誌であったことが、結果的に石牟礼と渡辺を結びつけることになったからである。生い立ちも経歴もちがう。石牟礼は一〇、二〇代に何回も自殺未遂し、短歌など言葉にすがって死の沼から這い上がったひと。渡辺も一八歳で結核になり療養所でおびただしい死を目撃した。

石牟礼と渡辺が水俣病闘争を主導し、患者救済につながった。それはそうにちがいないが、そう断じることで隠れてしまうものがある。石牟礼と渡辺が闘争のなかで本当にやりたかったことは運動の趨勢から微妙にズレている、ということを強調したいのである。

たとえば、闘争のシンボルとなった「怨」という黒い吹き流し。「怨」という文字には、「被害について不満・不快の感情を抱く」という意味があるのだが、もうひとつ、「心に憂えることがあって、祈るような心情」という意味がある（白川静『字通』）。「心に憂いがあって、祈るような心情」。水俣病闘争終結から半世紀。戦争や疫病から逃れられない二〇二〇年代に生きる私たちにも有効な言葉ではないだろうか。

心に憂いがあって、祈る。石牟礼は加害企業に恨みをぶつけるだけではなかった。水俣病はなぜ発生したのか。発生を許したものは何なのか。被害が拡大してもなぜ放置したのか。加害者や被害者の立場を超えて、一緒に考えようと石牟礼は言っているのだ。

渡辺も同様である。「水俣病闘争っていうのが掲げたテーマは政治的な課題では決してなかった。言うならば、人間の一番基本的な、どう生きていくか、というね、人なつかしい、そういう気持ちの問題でありまして、人間の一番根本的な生きてゆく気持ちの問題ですね」と九〇年の熊本・真宗寺の講演で明かしている。

闘争という言葉に引きずられて、石牟礼や渡辺の武闘派的側面のみ強調されてこなかっただろうか。水俣病闘争の根底には、当たり前の生活を大事にしたい、ごく普通の日常を大切にしたいという思いがある。ごく普通の人間の普通の生活、自然に働きかけ仲間と交わる日常の中にこそ人間の一切の存在意義がある、ということ。死が身近にあったふたりだからこそ生の核心をつかむことができた、と言えないだろうか。

石牟礼が二〇一八年に亡くなり、渡辺も二〇二二年に死去した。渡辺が亡くなる前、四時間くらい私に話をしてくれた。その最後の方に、こんなふうに話した。

「この世に存在するものはぜーんぶ自分のきょうだいなんです。生物だけじゃなくて、非生物の土にしても石にしても川にしても山にしてもぜんぶ自分のきょうだいなんです」

「あ、渡辺さん、石牟礼さんがおっしゃるようなことをおっしゃっている」と思って私は聞いていた。石牟礼と渡辺、ふたりの魂は、魂の根っこのところでつながっていた。ただ、もともとつながっていたわけではない。ふたりの魂をつなげたのは『熊本風土記』であり、「この世と心をかわして生きていきたい」と願う手紙のやりとりだった。

全一二冊の中味を思い起こしてほしい。石牟礼の「海と空のあいだに」、随筆や詩などの文芸作品、民衆史の証言、差別問題の論考、タウン情報……。日々の暮らしを大切にしたいと願う気持ちがあふれている。この世と心をかわして生きていきたいという人間としての自然な思い。それがふたりをつなげた。

若き渡辺の共産党への傾倒は、「心がつうじあう人たちの、小さいコミュニティをつくる」という思いがベースにあった。「もうひとつのこの世」と言い換えてもいい。心がつうじあう人たちの、小さいコミュニティをつくること。渡辺はそれが「ぼくの思う革命なのさ」と言っている。

「自分がこの世の中で自分でありたい、妄想に支配されたくないという同じ思いの仲間がいる。それが小さな国である。自分が自分でありたいという自分と、同じく自分が自分でありたい人たちで作った仲間が、小さな国になっていく。そういうものをしっかり作るということが僕の思う革命なのさ」（『幻のえにし』所収「渡辺京二　二万字インタビュー③」）

夢、闘争、革命……。『熊本風土記』からすべてが始まった。第八章で記したように、終刊号となった第一二号に渡辺は「レーニンは革命権力が二十四時間の生命を保ったと知った時、雪の中に走り出てワルツを踊ったという。風土記も一年はもった。口笛でも吹こうか」と書いた。夢、闘争、革命……と唱えながら私も一緒に踊りたい気がする。

第十一章　明日へ

私は二〇二二年一一月二六日、『熊本風土記』の時代」をテーマに、渡辺京二氏に熊本市のご自宅で話をうかがった。話は『熊本風土記』にとどまらず、渡辺氏の母や石牟礼道子さんの思い出、世界情勢への感想など多岐にわたった。同年一二月二五日、渡辺氏の急逝に遭い、最期のインタビューとなってしまった。一部順序を入れ換えるなど再構成して以下掲載する。

幕末・明治維新以来の庶民の歴史を描く『小さきものの近代　1』（二〇二二年）を出した。今後、2、3、と出します。面白く読んでほしい。あと何作書けるか分からない。売れないです。前ならすぐ二刷がかかったが、かからない。これまで読んでくれた読者はもう死んでしまったのではないか。私自身、終わった時代の生き残りだからね。年をとらないと分からないが、体がどこそこ痛い。気分がしゃきっとしない。

漢字をどんどん忘れてきよる。漢字だけではない。いろんなことを忘れる。これが困ったと思ってね。あんまり忘れると書けなくなるからね。ぎりぎりね、ボケというか、認知症というか、そういうものとぎりぎりの線で闘って、なんとか書いている、という感じですね。明治幕末以来、通史というか歴史はいろんな人が書いているからね。ただ、私のようにたくさんの人間を取り上げているのはちょっとほかにないと思うのね。とにかくぼくは、歴史的出来事、それをやった人間たち、その人間たちをひとりひとり書くのが面白いですね。そういう意味では、ほかにはないスタイルの近代史を書いている、という気もする。

晩年はむかし読んだ本を読みなおして楽しく過ごそうと思ったが、こんなことになるとは。業《ごう》というか、書く、ということを、やらずにはすまないことになっている。長年やってきたクセなんでしょうね。毎日、読んだり、書いたり、あとは映画みるくらい。読んだり書いたりしていると、近ごろは、体がきついし、痛いし、長く、できないんですよ。前は一日中、机の前で読んだり書いたりできた。いまはせいぜい三時間もするとしんどくて。そうなると映画みるの。座って目をひらいていると映画はどんどん進行していきますからね。よくできている。映画をみるのが休憩時間、という感じですね。

夜は一一時に寝るようにしている。朝は七時ごろ起きる。そうすると八時間寝た勘定になる。寝付きがわるいもんだからね、睡眠薬をのむんです。一〇分くらいすると寝付いちゃう。睡眠薬がきかなくなると大変ですね。トイレで一回起きる。多いときは二回起きる。仕事は午前中にするとは限らない。午後のときもある。夜のときもある。長続きしないんですよ。三時間するると横になりたくなる。体の方向を転換するだけで大変なのよ。座って向きを変えるだけで大変なのよ。そんなこと考えてもみなかったね。とにかく、しょうがない。九二歳だからね。死ぬのはいつ死んでもいいのよ。別にこわくもない。眠ったら意識がなくなるわけだから、それとおんなじだからな。

親孝行はしなかった方でね。母にはたいへんかわいがられて、それなのに、母の晩年、遊びに行くたびに説教されよった。いま考えると、なぜもっと頻繁に訪ねてやれなかったのか。いまになってうちの母のことをしみじみ思い返してね。ほんとうにいい母に生んでもらった。女性たちがみんな私に幸せをもたらしてくれる。なかには大変な女性もいたが、そういうこともふくめてみんな女性がもたらしてくれた。

母は言葉の表現が上手だった。二〇代の私が好きになったのが看護婦で、看護婦は私の母が大好き。母もその子をかわいがっていた。小倉にいたが、急死した。彼女の死を知らせる手紙が届き、私は声をあげて泣いたの。私にほれているのは歴々としていた。私も好きだったが、結婚する気にならなかった。罪悪感があったから大泣きした。そしたらそれをみていた母が、「私が死んだときも泣かんようにせい」と言った。母が私のことを気にかけているのに私は返してこない。なんとも思っていない。自分が死んだときに初めて思いあたるだろう、という意味だ。これは普通じゃないよな、言い方が。鋭い人だった。頭の働きが。親父は口喧嘩したら勝つわけがない、父はものを叩き壊して出ていく。おなごのところにいくんだろ。母は「ほう、人に出ていけといって、自分から出ていった」と笑うんだよ。

母は私を着せ替え人形のようにかわいがった。子供服はぜんぶオーダー。耳あかはとってくれるし、足の爪はきってくれるし。ミカンも外側だけでなく、内側の皮もむいてくれる。バカ息子になりかねない。おふくろがそんなふうにやってくれたから、私みたいな、なんというかな、のほほんとした、こういう人間ができたんだろうね。それにしても母の愛情というのは、三砂《みさご》ちづるさんが言うけどね、これはという人物はみんな母親からかわいがられている。母から愛されたということはいまになってみるとありがたいことだよね。母のおかげということを、ますます感じる。

中学に入ってある程度本を読むようになったら、もう口出ししなくなった。つまり自分の知らない世界に行った、と思ったんだよ。母は高等小学校までだから、高等教育の世界に尊敬の念をもっているわけよ。文学書ばかり読んでいるのは本棚をみれば分かる。机の上にはゲーテの肖像画。なんにも言ったことがないね。「ここ受けるよ」「ふーん」、「受かったよ」「ふーん」。いまの教育ママみたいに口出しししない。ひとことも言ったことがない。自分の分からない世界だと思っているのよ。若いころは本を読んでいる。文壇ゴシップについてはくわしかったもん。たとえば、嫁さんを交換した佐藤春夫と谷崎潤一郎、その話も小学生のころ聞いた。有島武郎の心中のことも。

大連に行ってからは母のお供で映画によくいった。小学校時代は親の同伴があれば入れた。中学生になればだめ。必ず洋画。あのころ、『舞踏会の手帖』『我等の仲間』『暁に帰る』など、あと何本か、みている。小学校五年生ごろかな。ヒッチコックの『間諜最後の日』とかみている。大連には三越の支店があった。全国で支店は大連だけ。屋上の食堂でめし食うのが楽しみでな。おふくろは着物の反物を買いにいく。そのあいだ退屈だけどな。

年をとると、記憶がうすれてくる。なんもかんも。年をとるとね、どんどん忘れていくんだろうね。不思議なのは、若いころ、恋人はいたが、恋人以外に女の友達はいなかった。こちこちの人間だったのよ。かるく冗談言ったり、笑わせることがまったくできない少年だったからね。女からみると近づきにくい人間だと自分では自覚していたけどね。

男はいくつになっても女性の愛情がいりますからね。好きな女性がそばにいてくれる。これはなんといっても、魂の安心のもとなんですよ。

石牟礼さんとの出会いは決定的だった。世界を見る目が変わったものね。世界、この世の中の実在、自然をふくんだ実在というものを見る目が、感じ方が、彼女におしえられて変わったと思います。あのひとと出会って心からよかったと思うね。食事づくり、原稿の清書、資料整理、部屋の掃除……。できるだけのことをしました。

石牟礼さんは嫉妬する人でした。若い夫婦が来て、その奥さんに私が笑顔を向けたのを、石牟礼さんが見咎めた。「あんな笑顔をみせた」と私の胸を二、三発なぐった。私が別の女性と本気で恋愛したときは、「あなたは死んだと思うことにします」と言われた。相手の女性は道子さんと一番仲のよかった人。ふたりのあいだを裂いてしまった。私の生涯で最大のわるいことと自分で思います。そんなことがあっても、道子さんの手伝いはしていた。道子さんも手伝いを拒否するわけではなかった。

道子さんが亡くなってから、付き合うのは女性ばかり。どうしてかな。不思議ね。つらつら考えると、男にも好きな人はいるわけだけど、やはり、男との付き合いは緊張感がある。やはりね、あなたくらいに年がちがえばこれはまた楽なんだけど。年が近いとお互い、競争関係、どっちが上か、そういう考えがあるのよ。素直になれない。女の場合、そういうものがない。たとえば、女性がドライブにつれていってくれる、女三人、男ひとり、黙っていればいいんだ、私は。

問題なのは、いまの世の中、若い人のことがまったく分からなくなった。共感がもてなくなった。日本語がなじまない。あかちゃんの夜泣きを「ぎゃん泣き」という。いやな言葉だね。忠臣蔵を知らない。大石内蔵助をしらない。カチカチ山も知らない。桃太郎も知らない。それだけじゃない。ソルジェニーツインを知らない。ブーニンをしらない。ピアニストですか？ノーベル賞をもらった文学者ですよ。自分で詩や小説を書く人が、ソルジェニーツイン、だれですか、プーシキン、だれですか、と言う。そのうちゲーテってだれですかとなるにちがいない。情報が行き渡っている時代なのに、歴史的知識、古典的知識、いまほど衰えた時代はない。評論家の文章をみても、社説読んでいるみたい。文章の個性がまったくない。前置きばかり。解説ばかり。文章がへたくそ。こんなにレベルが落ちたことはない。どうしてそうなったか。

私とか石牟礼道子さんの時代は終わったんだな。自分はいわゆる前代の遺物であるという気が、とくに最近はします。いまの世の中はもう関係ないな、オレは。ただね、全体の進歩の方向は、貧乏がなくなっている。戦前の東京には三つの貧民窟があって、学校や軍隊の兵舎の残飯がその貧民窟の食事だったんですよ。その残飯にもありつけないやつがいたんですよ。いまの貧乏は貧乏でない。家でもこの近所の家みてまわると分かるが、昔なら豪邸といわれるような家に入っています。三〇年、四〇年前の田舎といったら百姓家はほんとうにきたなかったの。ところが、いまはハイカラでモダンな集落。年寄りばかりの限界集落というけれど衰退の空気がただよっているわけではない。カフェだらけ。都会と田舎の差がぐっと縮まった。これは大変いいこと。

ウクライナの戦争。兵士以外の市民をひとりでも傷つけたら戦争犯罪だと言い出した。画期的ですよ。日本だけをとっても東京空襲、広島、長崎の原爆で何万人と死んでいる。ぜんぶ非戦闘員ですよ。アメリカのグラマンは通学途中の子供をおもしろがって追い回して機銃掃射を浴びせた。アメリカとイギリスはドレスデン全市焼き払って何万人という死者をだしている。ウクライナで言い出したことを基準にしたら、ワシントン裁判をやらねばならないということになります。ニュールンベルク、東京裁判に並んでワシントン裁判をやって当時の連合国諸国を裁かねばならないということになります。ウクライナで言い出したことは、偽善であれ、そういうことを言い出したのは画期的なこと。ここまできたか。そこまでいうようになったか。これは進歩ですよ。

これはなんの遺産かというと、イエスの遺産なんですよ。イエスが教会になってしまって、中世においては、女を火あぶりにするようなおそろしいことになったが、宗教改革やって、政教分離やったわけですよ、これが西ヨーロッパ、だから、そこから出てきたの、身分の平等も差別語をつかわないということも、非戦闘員を傷つけないということも。ぜんぶそこから出てきたの。ところが、問題はマルクスなの。マルクスは近代ヨーロッパの先端なの。ヨーロッパのヒューマニズムの先端なの。であると同時にマルクスは階級闘争とプロレタリア独裁をとなえた。これが間違いのもと。

現在のロシア、中国、北朝鮮、この三つをマルクスが見たら腰抜かすよ。おれの学説からこういうものができたのか。それは、なんでかっていうと、ソ連も宗教改革をやっていない。中国ももちろんやっていない。いまの問題はイスラムだけど、イスラムも宗教改革をやっていない。だから政教分離をやっていない。ロシアもせっかくソ連が崩壊したのに元に戻っちゃったのよ。大国主義。大国ナショナリズム。ソ連、中国、イスラム世界、この三つ、宗教改革をとおってないから、問題がのこる。世界をみても、ウクライナで戦争犯罪に新しい定義をあたえたのは、ぼくはやはり、人類の、偽善であるにしても、人類の希望だと思うのね。

この世に存在するものはぜーんぶ自分のきょうだいなんです。生物だけじゃなくて、非生物の土にしても石にしても川にしても山にしてもぜんぶ自分のきょうだいなんです。ということは、地球進化の歴史を読むと一目瞭然なんです。

なぜ時間があるか。なにかやるからですよ。息をするとか、ものをくうとか、動くとか、何かするとそれだけ時間がかかる。生きているとなんかするから時間がたつ。なんにもしない、活動のない完全な静寂、変化がないなら、時間はたたない。なにか活動をするやつがいるから時間が生まれてくる。永遠のような時の流れの、ごくごく一部を人は八〇年、九〇年と生きるわけですよね。長い時間の中、そのいっとき、滞在している。これは昔から人間が言ってきたことで、新しいことではないが、そういうことの実感、年をとると実感されます。

つまり、ぜんぶきょうだいなんですよね。不思議なのは、どうしてこんなにうつくしく世の中ができているのか。たとえば、樹木を考えても、どうしてこんな樹木のような豊かなものが生まれてきているのか。鳥だってそうですよ。書斎の窓に一本の木があるものですから、ときどきながめる。その木に小鳥たちがときどきとまりにくる。小鳥をみると、実に精巧な出来栄えなんです。これは人工的に考えてつくってもかなわないような、色合いとかかたちとか動きとか、どうしてこんなものができたのかなあ。感心しちゃう。もっといびつになってもよさそうなものなのに、こういううつくしいものができ、ぜんたいにうつくしい世界になってくる、というのは不思議なことですね。その不思議の中に、自分の生命も不思議な営みとしてあるわけですから。

まあ、自分の一生を考えて文句をいう筋合いはなかったと思うんです。とにかく喧嘩ばかりして、人の恨みを買って、貧乏ばかりして、ある時期までは自分が幸せなんて思ったこともなかった。呪われていると思うこともあった。

考えてみると、やはり、一生幸せだった、と思わざるをえない。やることをやったしな。一生かけてこんなにいろいろやれたからね。いろんな人と出会ったし。

水俣病闘争がわが人生の頂だった。チッソ東京本社占拠のときが一番楽しかった。道子さんもそう言っていました。多忙だったけれど、無理なこともしたが、生きている実感があった。

道子さん、支援の学生たちと仲よくなって、ずいぶんよくしてもらったんです。東京の知識人からはモテモテだったたし。闘争が終わってもう五〇年がたつんだね。

おわりに

渡辺京二さん死去（二〇二二年一二月二五日）の約一ヵ月前だ。一一月二六日、『熊本風土記』発行当時の話を私は渡辺さんの熊本市の自宅で聞くことができた。「きつい」とおっしゃって、ここ数年そうしているように来客があってもパジャマのままなのだが、話始めると話題は尽きることなく、対面は四時間を超えた。

渡辺さんみずからがいれてくれるコーヒーは四杯か五杯になった。夕刻、ノートをしまい、帰り支度を始めた私に渡辺さんが「これ見たことあるかい？」と古い雑誌を差し出す。椅子の後ろの戸棚の中に渡辺さんがかかわった雑誌・資料類が収めてある。おもむろにしゃがんで戸棚を開けたのは私に見せてくれるためだったのだ。

「うおおっ」。私は興奮を抑えられない。二〇代の結核療養時代に渡辺さんが仲間と発行した『わだち』。紙は劣化していまにもパラパラと崩壊しそうなのだが、筆耕による「渡辺京二」の文字が初々しい。戸棚から取り出した雑誌・資料の前にしゃがみこむ。「それ」「これもだ」。『新熊本文学』『炎の眼』『熊本風土記』などをめくって、目次に名前があると、指さしておしえてくれる。「おおっ」。食い入るように見つめる私。

渡辺さんは同居している長女の梨佐さんを呼んだ。「宅配便の業者に荷物を取りに来るように連絡して」と頼んでいる。その日のうちに、段ボール箱で福岡市の私の自宅に発送する、と言うのだ。思わぬ展開に私は動悸の高まりを抑えられない。「預けますから。書く参考にしてほしい。書き終えたら、整理してリストをつくってくれないかな。私に戻さなくていい。石牟礼道子さんの資料が保管してある熊本・真宗寺に持って行き、石牟礼道子資料保存会に保存・管理してもらいたい」と言うのだ（渡辺さん没後、梨佐さんに戻した）。

『熊本風土記』全一二冊を私は古書店から一万二〇〇〇円で購入していた。『熊本風土記』以外の雑誌・資料は熊本の図書館などで調べるつもりだった。それなのに、渡辺さん本人から〝宝の山〟の提供である。段ボールの中の雑誌・資料類は一〇〇点余り。『わだち』『新熊本文学』『炎の眼』『熊本風土記』『暗河』以外に、渡辺さんの小説第一作が載っている『文学の友』や新文化集団の会報などレアなものもある。日本読書新聞退職後に編集を手掛けた左官の業界誌『月刊さかん』は渡辺さんから見せてもらわなければ永久に見る機会はなかっただろう。各雑誌には欠号もあるが、全体の流れを見定めるにはじゅうぶんである。

今回の段ボール箱に限らず、私は渡辺さんから資料の提供を再三受けてきた。そもそものきっかけは石牟礼道子の生涯と作品を描いた『評伝　石牟礼道子　渚に立つひと』執筆である。「評伝を書く以上は、ノートも日記も手紙も、メモも会話も、すべてぶちこめ」と助言をいただき、プライベートな文献などもかなり見せてもらった。

『評伝　石牟礼道子』完成後も私は石牟礼さん、渡辺さんのもとへ通うことをやめず、おふたりから、とくに渡辺さんから資料の提供を受けつづけた。「提供」といっても、もらい受けるわけではなく、何日か貸していただき、複写してお返しするのである。歴史家である渡辺さんは「書かないと消えてしまう」とよく言っていた。著述をなりわいとする私に資料をゆだねるということは「書いていい」ということなのだ。書く許しを与えるというより、「書いてくれ」と督励しておられるのかもしれない。インタビューやエッセイでご自分の人生を洗いざらい語ろうとした渡辺さんだが、自分では語れないこともあったのである。私が提供を受けた資料の主なものは次の通りだ。

（1）一九六五年から七〇年代にかけての日記（水俣病闘争日記）
（2）渡辺さん宛ての石牟礼さんの手紙。石牟礼さん宛ての渡辺さんの手紙
（3）一九五六年から六三年までの日記（熊本から東京へ、青春日記）
（4）今回の段ボール箱（雑誌・資料類）

（1）（2）は『評伝　石牟礼道子』、『魂の邂逅　石牟礼道子と渡辺京二』、『水俣病闘争史』に引用するなど作品の切実な要として生かすことができた。人物史や闘争史にしても、時系列に書いていけばいいというものではない。生きた言葉がハガネのように要所を支えていないと作品として成り立たないものである。

本書『実録・苦海浄土』では（2）（3）（4）がベースになっている。『熊本風土記』とい

う雑誌が柱なので記述は社会科学的に地味になりがちである。しかし、雑誌をつくるのは人だ。当事者である渡辺さん、石牟礼さんの日記や書簡など文献を引用してこそ、雑誌の記述が生彩をおびる。各テーマで時代と切りむすぶ様子が浮かび上がる。水俣病闘争前夜に、『熊本風土記』の果たした役割が見えてくる。

と同時に、『苦海浄土』が誕生する経緯を具体的に知ることとなった。主観を極力排し、事実関係を淡々と記述するように努めた。タイトルの『実録・苦海浄土』にはそういう思いを込めている。

渡辺さんの存命中に読んでもらおうと思って書くのを急いだが、急逝に遭った。人間への向かい方、文学・思想的な助言以外にも、プライベートなことがらで、ずいぶん励ましをいただいた。これからは苦境に陥るたびに渡辺さんを思い出すことになるだろう。

刊行に際し、『水俣病闘争史』につづいて岩本太一氏のお世話になった。対話を重ね、直すべきところを自然にこちらに感得させる、というのが岩本氏のやり方である。根本的な部分を含め、大幅な書き直しをすることになった。わが師渡辺京二に本書を捧げます。

二〇二四年一月

『熊本風土記』総目次

凡例

一、判型はすべてA5判で、活版印刷である。
一、各号の目次は必ずしも掲載順ではない。
一、無署名の文章も筆者が明らかな場合、筆者名を記した。
一、「石牟禮」は「石牟礼」に統一した。
一、目次と本文タイトルが異なる場合は本文に合わせ、不統一な表記は整理した。

創刊号（一九六五年一一月）

一九六五年一一月一日発行／五二頁／一二〇円／発行者＝高浜幸敏／編集者＝渡辺京二
発行所＝新文化集団／表紙・カット＝板井栄雄

第二号（一九六五年一二月）

一九六五年一二月一日発行／五四頁／一二〇円／発行者＝高浜幸敏／編集者＝渡辺京二
発行所＝新文化集団／表紙・カット＝板井栄雄

私の好きなテレビ番組
庶民列伝2　定期場の人びと　福島はつえ（聞き書き・渡辺京二）
大江高等学校（上）〈熊発見2〉　上村希美雄
伏流（2）　護田実

第三号（一九六六年一月）

一九六六年一月一日発行／五六頁／一二〇円／発行者＝高浜幸敏／編集者＝渡辺京二
発行所＝新文化集団／水俣事務局＝水俣市初野・有村憲二／表紙・カット＝板井栄雄

荒木精之におけるイデオローグの劇（上）　渡辺京二
海と空のあいだに（3）　石牟礼道子
回想の高村光太郎（1）　伊藤直臣
小さな町での詩のむれの一部〈詩〉　大重春二
へっちん虫の唄〈散文詩〉　田原一郎

共和国
民謡の味　和田勇一
自転車の明かり　中村青史
落書いまむかし　谷川憲介

第四号（一九六六年二月）

一九六六年二月一日発行／五三頁／一二〇円／発行者＝高浜幸敏／編集者＝渡辺京二
発行所＝新文化集団／表紙・カット＝板井栄雄

地方の眼

第五号(一九六六年三・四月合併号)

一九六六年四月一日発行／五二頁／一二〇円／発行者＝高浜幸敏／編集者＝渡辺京二
発行所＝新文化集団／表紙・カット＝板井栄雄

第六号（一九六六年五月号）

一九六六年五月一日発行／五二頁／一二〇円／発行者＝高浜幸敏／編集者＝渡辺京二
発行所＝熊本風土記発行所／表紙・カット＝板井栄雄

第七号(一九六六年六月号)

一九六六年六月一日発行/五二頁/一二〇円/発行者=高浜幸敏/編集者=渡辺京二
発行所=熊本風土記発行所/表紙・カット=板井栄雄

第八号（一九六六年七月号）

一九六六年七月一日発行／五二頁／一二〇円／発行者＝高浜幸敏／編集者＝渡辺京二
発行所＝熊本風土記発行所／表紙・カット＝板井栄雄

第九号（一九六六年八月号）

一九六六年八月一日発行／五二頁／一二〇円／発行者＝高浜幸敏／編集者＝渡辺京二
発行所＝熊本風土記発行所／表紙・カット＝板井栄雄

第一〇号（一九六六年九・一〇月合併号）

一九六六年一〇月一日発行／五二頁／一二〇円／発行者＝高浜幸敏／編集者＝渡辺京二
発行所＝熊本風土記発行所／表紙・カット＝板井栄雄

第一一号（一九六六年一一月号）

一九六六年一一月一日発行／五二頁／一二〇円／発行者＝高浜幸敏／編集者＝渡辺京二
発行所＝熊本風土記発行所／表紙・カット＝板井栄雄

第一二号（一九六六年一二月号）

一九六六年一二月一日発行／五二頁／一二〇円／発行者＝高浜幸敏／編集者＝渡辺京二
発行所＝熊本風土記発行所／表紙・カット＝板井栄雄

米本浩二（よねもと・こうじ）

一九六一年、徳島県生まれ。毎日新聞記者をへて著述業。石牟礼道子資料保存会研究員。著書に『みぞれふる空——脊髄小脳変性症と家族の2000日』（文藝春秋、二〇一三年）、『評伝 石牟礼道子——渚に立つひと』（新潮社、二〇一七年、第六九回読売文学賞評論・伝記賞）、『不知火のほとりで——石牟礼道子終焉記』（毎日新聞出版、二〇一九年）、『魂の邂逅——石牟礼道子と渡辺京二』（新潮社、二〇二〇年）、『水俣病闘争史』（河出書房新社、二〇二二年）。福岡市在住。

実《じつ》録《ろく》・苦《く》海《かい》浄《じょう》土《ど》

二〇二四年五月二〇日　初版印刷
二〇二四年五月三〇日　初版発行

著者　米本浩二
ブックデザイン　鈴木成一デザイン室
発行者　小野寺優
発行所　株式会社河出書房新社
〒一六二-八五四四　東京都新宿区東五軒町二-一三
電話〇三-三四〇四-一二〇一［営業］
〇三-三四〇四-八六一一［編集］
https://www.kawade.co.jp/

組版　KAWADE DTP WORKS
印刷　モリモト印刷株式会社
製本　大口製本印刷株式会社

Printed in Japan　ISBN978-4-309-03181-1